ECHT MEXIKANISCH KOCHEN

SCHARF UND HEISS

BELLAVISTA

ECHT MEXIKANISCH KOCHEN

SCHARF UND HEISS

BELLAVISTA

Die Originalausgabe erschien 1999 in Großbritannien
unter dem Titel **Mexican** in der Reihe **Kitchen Library**
bei Hamlyn/Octopus Publishing Group Limited
2–4 Heron Quays, London E 14 4JP

Bellavista Verlag, einem Imprint der
Verlag Karl Müller GmbH
Venloer Straße 1271, D-50829 Köln
www.karl-mueller-verlag.de

Printed in China

Übersetzung aus dem Englischen: Stefanie Schaeffler
Redaktion und Satz: Redaktionsbüro Cornelia Klaeger, München
Umschlaggestaltung: Dr. Alex Klubertanz
Umschlagfoto: Octopus Publishing Group Ltd.
Rezeptfotos: Octopus Publishing Group Ltd.

ISBN 3-89893-095-5

Inhalt

EINLEITUNG

Immer mehr Leute schwören auf Tacos, Chili con Carne und andere mexikanische Gerichte, die durch die typischen scharfen Gewürze ihre besondere Note erhalten. Um die mexikanische Küche genießen zu können, müssen Sie nicht unbedingt ausgehen. Bereiten Sie sie doch selbst zu Hause zu! Dieses Kochbuch bietet Ihnen die entsprechenden Originalrezepte, ganz einfach zum Nachkochen. Lassen Sie sich anregen von den tollen Fotos, und probieren Sie drauflos: Ihre Gäste werden begeistert sein!

TEX-MEX-GERICHTE SCHMECKEN UNWIDERSTEHLICH

Die neue mexikanische Küche, die auch als Tex-Mex-Küche bezeichnet wird, verdankt ihre Popularität den typischen mexikanischen Gewürzen und Zutaten in Kombination mit dem kulinarischen Ideenreichtum Kaliforniens und New Mexicos. Aber: Was macht denn nun den Geschmack mexikanischer Gerichte aus? Es ist die Kombination ganz unterschiedlicher, im Aroma fast gegensätzlicher Zutaten. Man verwendet viel Getreide, vor allem Mais – zum Beispiel für die berühmten Tortillas –, das weder scharf noch süß schmeckt, aber immer auch Gewürze wie verschieden scharfe Chilis oder pikante Kräuter wie Koriandergrün. Weitere Grundbausteine sind Avocados, Bohnen und andere Hülsenfrüchte in allen Farben und Formen, Kartoffeln und natürlich eine ungeheure Vielfalt verschiedener Chilisorten. Fleisch und Fisch spielen eher eine untergeordnete Rolle.

TEX-MEX-VARIATIONEN

Die mexikanische Küche hat bis heute das Image, vor allem Bauernküche zu sein. Viele moderne mexikanische Rezepte sind tatsächlich Varianten dieser deftigen Originale und lassen sich problemlos nachkochen. In diesem Kochbuch finden Sie die ganze Bandbreite typischer Gerichte: zum Beispiel Fisch, fein gewürzt, wie „Forelle mit Koriandergrün“ (Seite 64) oder das berühmte „Mexikanische Rindfleisch“ (Seite 34), das traditionell mit aromatischem Limettenreis serviert wird. Eines der bekanntesten Gerichte ist das feurig-scharfe „Chili con Carne“ (Seite 39). Sie finden in den folgenden Kapiteln aber auch viele Taco-Variationen mit verschiedenen Füllungen. Ein ganz besonderes originelles Rezept ist der „Truthahn in Mole“ (Seite 40) – ein Gericht, das es so nur in Mexiko gibt: Ein Truthahn wird in einer üppigen Sauce, die unter anderem Chilis und Zartbitterschokolade (!) enthält, gegart. Dazu reicht man viele köstliche Dips und Gemüse. Versuchen Sie es einfach mal!

DIE GESCHICHTE DER MEXIKANISCHEN KÜCHE

Bunt und lebendig ist die mexikanische Küche und zählt zu einer der ältesten und abwechslungsreichsten der ganzen Welt. Vor der Eroberung durch die Spanier im Jahre 1519 lebten die Azteken und Mayas in erster Linie von Wild und Wildgeflügel: Truthahn, Ente, Hirsch und Reh, Wachteln und Tauben. Auch Fisch und Meeresfrüchte gab es reichlich, genauso tropische Früchte wie Guaven und Papayas und Gemüse, vor allem Tomaten und Bohnen. Chilischoten (die bereits vor 9000 Jahren im Tal von Mexiko angebaut wurden) und Avocados wurden ebenfalls verwendet. Getreide war den Azteken heilig und wurde als Grundnahrungsmittel hauptsächlich für ein flaches, ungesäuertes Brot gebraucht: die Tortilla. Wichtig fürs Aroma waren Vanille und Paprika, die beide ursprünglich aus dem Süden Mexikos stammen, und natürlich Schokolade. Schon zu Zeiten des Hernando Cortez war bei den Azteken ein Getränk namens „Chocolatl" beliebt, das aus den Früchten des Kakaobaumes hergestellt wurde.

DER EINFLUSS DER EROBERER

Obwohl die Spanier Mexiko mit Feuer, Schwert und Musketen eroberten, gelang es ihnen nicht, den Charakter der mexikanischen Küche zu unterdrücken. Vielmehr vermischten sich traditionelle Zutaten schrittweise mit denen der Eroberer. So führten die Spanier nicht nur eine ganze Reihe europäischer Gerichte ein, sondern zusätzlich viele exotische Zutaten aus ihrem weltweiten Kolonialhandel. Sie brachten Schmalz (aus Schweinefett) zum Braten, Zucker, Zwiebeln, Knoblauch, Weizenmehl, Pfirsiche, Aprikosen, Zimt, Kreuzkümmel, Piment, Koriander, Nelken und Mandeln. Und sie führten den Reis aus Indien in Mexiko ein. Es entstanden ganz neue Gerichte wie zum Beispiel „Ceviche" (Seite 57). Dazu wird frischer Fisch in

Zitronen- oder Limettensaft mariniert. Die Säure des Safts bewirkt, daß der Fisch ohne Hitze „gegart" wird und eine feste Konsistenz sowie ein ausgesprochen frisches Aroma erhält.
Schweinefleisch lieferte nicht nur die Grundlage für die köstlich feurigen Chorizo-Würste, sondern führte auch dazu, daß Lebensmittel statt in Bananenblättern oder Maishülsen gedämpft, nun im Schweineschmalz gebraten oder fritiert werden konnten. Als die Mexikaner im 19. Jahrhundert wieder unabhängig wurden, war ihre Küche um einige typische Gerichte reicher geworden.

REGIONALE UNTERSCHIEDE

Mexiko weist sowohl landschaftlich als auch klimatisch große Unterschiede auf, und die regionalen Eigenheiten der Küche spiegeln diese wider. Steilaufragende Gebirge formen einen Höhenzug mitten durch das Land, während die Ebene von trockener Wüste an der texanischen Grenze bis hin zu tropischen Regenwäldern auf der Halbinsel von Yucatán variiert.
In den nördlichen Landesteilen Mexikos züchten die Bauern Schweine, Geflügel und Ziegen und bauen außerdem Obst und Gemüse an.
Die Küstengewässer des Golfes von Mexiko wimmeln von Fisch und Meeresfrüchten, für deren Zubereitung man eine Vielzahl interessanter Rezepte kennt. Die Halbinsel Yucatán ist ebenfalls berühmt für ihre abwechslungsreichen Gerichte mit Fisch- und Meeresfrüchten; so stammt beispielsweise das berühmte „Ceviche" (Seite 57) von dort.

DIE MAHLZEITEN

In weiten Teilen Mexikos folgen die Eßgewohnheiten noch alter Tradition, und fünf Mahlzeiten am Tag sind keine Seltenheit. Meistens beginnt der Tag mit einem frühen „kleinen Frühstück", *desayuno*, das aus Gebäck, süßem Brot und Brötchen besteht und entweder mit Kaffee oder Kakao serviert wird. Ein etwas gehaltvolleres zweites Frühstück, *almuerzo*, wird im Laufe des Vormittags, meist nur in bäuerlichen Regionen, eingenommen. Es besteht oft aus einer Eierspeise, wie „Gebackene Eier nach Farmerart" (Seite 15), Obst, gebackenen Bohnen, Tortillas und Kaffee.
Comida, die Hauptmahlzeit, bildet den Höhepunkt und wird nachmittags irgendwann zwischen 14 Uhr und 17.30 Uhr serviert. Sie kann sich über mehrere Stunden erstrekken. Zur *comida* gehören entweder eine Suppe, ein Reis- oder Tortillagericht, Fleisch, Geflügel oder Fisch mit Bohnen, Soße, Salat, Gemüse. Dann folgen gebackene Bohnen – gekocht in ihrem eigenen gehaltvollen Saft. Den Abschluß bilden Obst oder Creme Caramel und Kaffee. Danach ist es höchste Zeit für eine Siesta bis zu einem frühen Abendessen, der *merienda*, mit süßen Brötchen, Keksen, Kakao und vielleicht noch etwas Schinken. Die *cena* folgt etwa um 10 Uhr abends, wird allerdings immer häufiger mit der *merienda* kombiniert.

DIE ZUTATEN

In der mexikanischen Küche gibt es einige wichtige Hauptzutaten, von denen Sie viele in gut sortierten Supermärkten erhalten. Exotische Früchte wie Papayas oder Mangos bekommen Sie normalerweise in guter Qualität im Obst- und Gemüsefachgeschäft.

CHILIS

Chilischoten (Seiten 60/61) sind das A und O der mexikanischen Küche,

und es gibt sie in über 100 Arten, frisch und getrocknet.
Chilischoten geben den mexikanischen Gerichten ihren Charakter und ihre Schärfe. Mexikaner sind meist ganz verrückt nach Chilis, und so hat diese scharfe Zutat hier schon fast den gleichen Stellenwert wie etwa bei den Franzosen der Wein. Echte Chilifanatiker kennen die feinsten Unterschiede in Aroma, Schärfe und Geschmacksintensität. Die kleinen Schoten enthalten eine durchdringend schmeckende ölige Substanz, das Kapsaizin. Sie ist es, die den Schoten ihre typische Schärfe verleiht. Die Menge an Kapsaizin bestimmt die Schärfe einer Schote von mild bis teuflisch scharf.
Wenn Sie mit frischen oder getrockneten Chilis umgehen, sollten Sie anschließend immer die Hände gründlich mit Wasser und Seife waschen. Das flüchtige Öl der Chilischoten kann zu Hautreizungen – bis zu Verbrennungserscheinungen – und Erkrankungen führen, wenn es in Kontakt mit empfindlichen Hautpartien kommt. Manche Profis benutzen Gummihandschuhe, wenn sie Chilis verarbeiten.

CHILIS ENTKERNEN

Für echte mexikanische Gerichte werden Chilis meist nicht entkernt. Wenn Sie ein feuriges Aroma nicht gewohnt sind, sollten Sie die Kerne und Zwischenwände wie bei einer Paprikaschote besser entfernen: Zuerst den Strunk abschneiden und die Schote aufklappen. Dann mit einem scharfen Messer oder einem kleinen Löffel alle Kerne herauskratzen. Nach dem Entfernen der Kerne die Schote unter fließendem Wasser abspülen, mit Küchenpapier trockentupfen. Vergessen Sie nicht, die Arbeitsfläche anschließend gründlich zu reinigen!

TORTILLAS

Ursprünglich aus gemahlenen Maishülsen zubereitet, sind sie eine echte mexikanische Erfindung. Nachdem die schwereren Maismehl-Tortillas etwas aus der Mode gekommen sind, werden Tortillas heute öfter aus *masa harina* hergestellt, einem feinen getrockneten Maismehl, oder aus Weizenmehl.
Im Unterschied zu anderem Brot werden Maistortillas aus bereits vorgekochtem Mehl zubereitet – der getrocknete Mais wurde nämlich bereits vorher gekocht, getrocknet und vermahlen, um die schnellkochende *masa harina* zu erhalten.
Tortillas werden nach der Zubereitung in einen Korb geschichtet und in ein Tuch gehüllt, um sie warm zu halten. Sie sind Grundlage für:
Burritos: gefüllte Tortillataschen.
Enchiladas: Tortillas, in Chili-Soße getaucht, gefüllt und gebacken.
Hautas: eng um eine Füllung gerollte und gebratene Tortillas.
Quesadillas: mit Käse gefüllte gefaltete und gebratene Tortillas.
Tacos: Sie bestehen traditionell aus einer frischen weichen Tortilla, die um eine Füllung gerollt wird. In den USA werden dagegen Mais-Tortillas so gefaltet und gebacken, daß halbkugelförmige Schalen für die Füllung entstehen. Tacos kann man selbst herstellen oder fertig kaufen.
Tostados: knusprig gebratene Tortillas mit Fleisch oder Bohnen darauf, die mit Salsa oder Guacamole serviert werden.

SALSAS

Würzige, feurige Soßen, die auf jeden Fall Chilischoten und Tomaten enthalten. Salsas reicht man zu gekochtem Fisch, Fleisch, Geflügel, Bohnen und Eiern, oder sie werden vor dem Füllen auf Tortillas gestrichen. In der Tex-Mex-Küche werden scharfe Salsas als Dip zu fritierten Tortillachips gereicht.

SCHOKOLADE (KAKAO)

Nach mexikanischer Überlieferung lehrte Quetzalcoatl, der aztekische Gott des Lichts, die Mexikaner, wie man den Kakaobaum anbaut und Schokolade, das heilige Getränk der Götter, herstellt. Die Azteken rösteten die Kakaobohnen, vermahlten sie und mischten sie mit Wasser, um ein heißes Schokoladegetränk zuzubereiten, das sie mit Honig süßten und mit Vanille und anderen Gewürzen aromatisierten. Das Getränk war etwas so Besonderes, daß es nur der herrschenden Elite gestattet war, es zu trinken. Bis heute wird es in Mexiko traditionell zubereitet. Schokolade wird auch zum Würzen für pikante Gerichte verwendet, z.B. für die Mole poblano.

VORSPEISEN

In diesem Kapitel finden Sie einfache, aber raffinierte Rezepte für köstliche kleine Mahlzeiten. Diese Gerichte mit ihren bunten, abwechslungsreichen Zutaten eignen sich auch hervorragend für ein mexikanisches Buffet, wenn Sie Gäste erwarten.

GUACAMOLE

Damit sie sich nicht verfärbt, muß die Guacamole bis zum Servieren luftdicht mit Klarsichtfolie zugedeckt werden. Man kann die Farbe auch erhalten, indem man den Avocadokern in die Guacamole hineindrückt.

Vorbereitungszeit: ca. 15 Minuten, plus Kühlzeit
Garzeit: ca. 5 Minuten

- 2 große reife Avocados
- 3 Eßlöffel Zitronen- oder Limettensaft
- 2 Knoblauchzehen (durch die Presse gedrückt)
- 50 g Lauchzwiebeln (gehackt)
- 1–2 Eßlöffel gehackte milde grüne Chilischoten
- Salz und Pfeffer
- 150 g Tomaten (gehäutet, entkernt und gewürfelt)
- Schale von 1 Limette zum Garnieren (in Streifen geschnitten)

TORTILLA-CHIPS:

- 8 Mais- oder Weizentortillas
- Öl zum Fritieren
- 1 Eßlöffel Paprikapulver

1 Avocados halbieren und den Kern entfernen. Fruchtfleisch mit einem Löffel herauslösen und in eine Schüssel geben. Zitronen- oder Limettensaft zugeben und Avocados grob zerdrücken.

2 Knoblauch, Lauchzwiebeln und Chilis zugeben und mit Salz und Pfeffer abschmecken. Gewürfelte Tomaten unterrühren und zugedeckt mindestens 1 Stunde im Kühlschrank kühl stellen.

3 Inzwischen die Tortilla-Chips zubereiten. Jede Tortilla in 8 gleich große Stücke schneiden. Öl auf 180–190 Grad erhitzen, so daß ein Brotwürfel in 30 Sekunden bräunt. Tortilla-Chips hineingeben und fritieren, bis sie knusprig und goldgelb sind. Zum Abtropfen auf Küchenpapier legen und mit etwas Paprikapulver und Salz bestreuen. Guacamole mit Tortilla-Chips servieren und mit Streifen der Limettenschale garnieren.

4 PORTIONEN

QUESADILLAS

Vorbereitungszeit: ca. 15 Minuten
Garzeit: 5 – 10 Minuten pro Portion

- 12 weiche Maistortillas
- 200 g gebackene Bohnen (siehe Seite 78)
- 250 g Cheddarkäse (gerieben)
- 150 g Mozzarella (in Streifen geschnitten)
- 4-6 grüne Chilischoten (entkernt und in feine Ringe geschnitten)
- Öl zum Fritieren
- Salsa Cruda (siehe Seite 94)
- Guacamole (siehe Seite 12)
- saure Sahne

1 Tortillas auf eine Arbeitsfläche legen. Auf je einer Hälfte der Tortillas 1 Löffel der Bohnenmischung verteilen, so daß noch etwas Rand frei bleibt.

2 Auf die Bohnen jeweils etwas Cheddarkäse und Mozzarella geben und zum Schluß ein paar Chiliringe darüberstreuen. Die andere Hälfte der Tortilla über der Füllung zusammenfalten.

3 Die Ränder der gefalteten Tortillas fest mit den Fingerspitzen zusammenpressen. Die Tortillas sollten dazu weich und möglichst feucht sein. Notfalls mit Holzstäbchen fixieren. Bereits gefaltete Tortillas mit einem feuchten Tuch abdecken, während Sie die übrigen Quesadillas zubereiten.

4 In eine große Pfanne etwa 4 cm hoch Öl gießen, erhitzen und die Quesadillas portionsweise darin fritieren, bis sie knusprig und goldbraun sind. Aus der Pfanne nehmen und zum Abtropfen auf Küchenpapier legen. Heiß mit Salsa, Guacamole und saurer Sahne servieren.

4-6 PORTIONEN

GEBACKENE EIER NACH FARMERART

Vorbereitungszeit: ca. 25 Minuten
Garzeit: 15 – 20 Minuten
Ofentemperatur: 180 Grad, Gas Stufe 2 – 3, Umluft 160 Grad

- 2 Eßlöffel Schweineschmalz
- 2 Zwiebeln (fein gehackt)
- 3 Knoblauchzehen (durch die Presse gedrückt)
- 2 rote Paprikaschoten (geputzt und gewürfelt)
- 2 rote Chilischoten (entkernt und gehackt)
- 1 Teelöffel getrockneter Oregano
- 1/2 Teelöffel gemahlener Kreuzkümmel
- Salz und frisch gemahlener schwarzer Pfeffer
- 4 große Tomaten (gehäutet, entkernt und gewürfelt)
- 150 g Tomatenpüree (Packung)
- 1/8 l Wasser oder Gemüsebrühe
- 4 Eier

1 Schmalz in einem schweren Topf auslassen. Zwiebeln, Knoblauch, Paprika und Chilis darin weich und goldbraun braten. Oregano und Kreuzkümmel zugeben und mit Salz und Pfeffer pikant abschmecken. Die Mischung 2 Minuten garen.

2 Gewürfelte Tomaten und Tomatenpüree mit Wasser oder Gemüsebrühe verrühren und in den Topf geben. Aufkochen, die Hitze reduzieren und köcheln lassen, bis die Soße andickt. Inzwischen den Ofen auf 180 Grad vorheizen.

3 Tomatensoße in vier gefettete feuerfeste tiefe Teller geben. Mit der Rückseite eines Löffels jeweils in die Mitte eine Mulde drücken.

4 In jede der Mulden 1 Ei gleiten lassen. Im vorgeheizten Ofen 10 – 12 Minuten backen, bis die Eier gar sind. Mit gemahlenem schwarzen Pfeffer bestreut servieren.

4 PORTIONEN

SCHARFE KÄSE-NACHOS

Vorbereitungszeit: ca. 20 Minuten
Garzeit: 35–40 Minuten
Ofentemperatur: 180 Grad, Gas Stufe 2–3, Umluft 160 Grad

- 2 Eßlöffel Öl
- 1 Zwiebel (gehackt)
- 2 Knoblauchzehen (durch die Presse gedrückt)
- 4 große Tomaten (gehäutet, entkernt und gewürfelt)
- 2 Jalapeño-Chilischoten (entkernt und gehackt)
- 1 Prise getrockneter Oregano
- 1 Prise gemahlener Kreuzkümmel
- Salz und Pfeffer
- 250 g Tortilla-Chips (siehe Seite 12)
- 150 g Cheddarkäse (gerieben)

Zum Garnieren:

- 2 Lauchzwiebeln (in Streifen geschnitten)
- 1 rote Chilischote (entkernt und in Streifen geschnitten)

1 Für die Chilisoße Öl in einem kleinen Topf erhitzen und Zwiebel und Knoblauch darin unter gelegentlichem Rühren goldbraun braten.

2 Tomaten, Chilis, Oregano, Kreuzkümmel sowie Salz und Pfeffer zugeben. Aufkochen, die Hitze reduzieren und die Chilisoße 15 Minuten köcheln lassen, bis sie andickt. Inzwischen den Ofen auf 180 Grad vorheizen.

3 Tortillachips auf einer großen feuerfesten Schale oder Platte anrichten und vorsichtig die Chilisoße darüberträufeln. Mit geriebenem Cheddarkäse bestreuen und im vorgeheizten Ofen 10–15 Minuten überbacken, bis der Käse schmilzt und Blasen wirft.

4 Lauchzwiebel- und Chilistreifen 5–10 Minuten in sehr kaltes Wasser legen, bis sie sich aufrollen. Die Nachos damit garnieren und servieren.

4-6 PORTIONEN

GEFÜLLTE AVOCADOS

Vorbereitungszeit: ca. 20 Minuten
Garzeit: 20 – 25 Minuten
Ofentemperatur: 160 Grad, Gas Stufe 1 – 2, Umluft 140 Grad

- 2 Eßlöffel Olivenöl
- 1 Teelöffel Weinessig
- Saft von 1/2 Limette
- Salz und Pfeffer
- 2 Avocados

FÜLLUNG:

- 3 Eßlöffel Olivenöl
- 1 Zwiebel (fein gehackt)
- 1 Knoblauchzehe (durch die Presse gedrückt)
- 150 g Champignons (gehackt)
- 1 rote Chilischote (entkernt und fein gehackt)
- 1 Eßlöffel gehackte Petersilie
- Schale von 1 Limette zum Garnieren (in feine Streifen geschnitten)

1 Zuerst das Dressing zubereiten: Olivenöl mit Weinessig und Limettensaft in einer kleinen Schale gründlich verrühren. Mit etwas Salz und Pfeffer abschmecken.

2 Avocados halbieren und den Kern entfernen. Schnittflächen mit dem Limettendressing einpinseln, damit sich das Fruchtfleisch nicht verfärbt und damit es zusätzliches Aroma bekommt. Avocados beiseite stellen und die Füllung zubereiten.

3 Olivenöl in einem schweren Topf erhitzen und Zwiebel und Knoblauch darin weich und goldgelb braten. Gehackte Champignons und Chili zugeben und einige Minuten unter gelegentlichem Rühren weiterschmoren lassen, bis die Champignons gar sind. Die Hälfte der Petersilie unterrühren. Den Ofen auf 160 Grad vorheizen.

4 Die Mischung vom Herd nehmen und die vorbereiteten Avocadohälften damit füllen. Dann auf ein leicht geöltes Backblech setzen und 10 – 15 Minuten im Ofen erwärmen. Mit der restlichen Petersilie und den Streifen der Limettenschale garniert servieren.

4 PORTIONEN

VARIATION

AVOCADOS MIT SAURER SAHNE UND KORIANDERGRÜN

Vorbereitungszeit: ca. 20 Minuten
Garzeit: 20 – 25 Minuten
Ofentemperatur: 160 Grad, Gas Stufe 1 – 2, Umluft 140 Grad

Petersilie für die Füllung durch die gleiche Menge frisch gehacktes Koriandergrün ersetzen. Die Avocados nach dem Erwärmen mit einem Klecks saurer Sahne versehen und mit warmen Tortillas servieren.

4 PORTIONEN

SUPPEN

Mexikanische Suppen sind oft so gehaltvoll, daß man sie mit Tortilla-Chips oder knusprigem Brot auch als kleine Hauptmahlzeit servieren kann. Im folgenden Kapitel finden Sie köstliche und ausgefallene Suppen und Eintöpfe für jeden Geschmack.

MEXIKANISCHE SUPPE MIT AVOCADOCREME

Diese feurige Suppe ist eine kleine Mahlzeit für sich – teuflisch scharf, aber gemildert durch eine feinwürzige Avocadocreme.

Vorbereitungszeit: ca. 30 Minuten
Garzeit: ca. 45 Minuten

- 2 Eßlöffel Sonnenblumenöl
- 1 große Zwiebel (gehackt)
- 2 Knoblauchzehen (durch die Presse gedrückt)
- 2 Teelöffel gemahlener Koriander
- 1 Teelöffel gemahlener Kreuzkümmel
- 1 rote Paprikaschote (geputzt und gewürfelt)
- 3 rote Chilischoten (entkernt und in Ringe geschnitten)
- 400 g rote Kidney-Bohnen (Dose, abgetropft)
- $^3/_4$ l Tomatensaft
- 1-2 Eßlöffel Chilisoße
- 50 g zerkleinerte Tortilla-Chips (siehe Seite 12)
- Salz und Pfeffer
- Korianderblättchen zum Garnieren

AVOCADOCREME:

- 1 kleine reife Avocado
- 4 Lauchzwiebeln (gehackt)
- 1 Eßlöffel Zitronensaft
- 1 Eßlöffel gehacktes Koriandergrün

1 Das Öl in einem großen, schweren Topf erhitzen, Zwiebel, Knoblauch, Gewürze, Paprika und $^2/_3$ der Chiliringe zugeben und alles bei schwacher Hitze 10 Minuten anbraten. Kidney-Bohnen, Tomatensaft und Chilisoße zugeben, alles zum Kochen bringen und im geschlossenen Topf 30 Minuten leise schmoren.

2 Inzwischen die Avocadocreme zubereiten: Avocado schälen, den Kern entfernen, das Fruchtfleisch fein würfeln und in einer Schüssel mit Lauchzwiebeln, Zitronensaft und Koriandergrün vermischen. Mit Salz und Pfeffer abschmecken, mit Klarsichtfolie zudecken und beiseite stellen.

3 Die Suppe zusammen mit den zerkleinerten Tortilla-Chips in den Mixer geben und pürieren. In einen sauberen Topf gießen, mit Salz und Pfeffer abschmecken und erhitzen. Sofort mit der Avocadocreme und mit Löckchen aus den restlichen Chiliringen und einigen Korianderblättchen garniert servieren.

6 PORTIONEN

VARIATION

MEXIKANISCHE SUPPE MIT TOMATEN-CHILI-CREME

Vorbereitungszeit: ca. 30 Minuten
Garzeit: ca. 45 Minuten

Die Suppe wie oben zubereiten und mit folgender Creme servieren: 300 g gewürfelte Tomaten in eine Schüssel geben. 1 kleine gehackte Zwiebel, 1 zerdrückte Knoblauchzehe, 2 frische entkernte und fein gehackte Chilischoten, 1 Prise Zucker und ein paar Zweige gehacktes Koriandergrün zugeben. Mit Salz und Pfeffer abschmecken und alles gut mischen.

6 PORTIONEN

SCHWARZE-BOHNEN-SUPPE

Vorbereitungszeit: ca. 15 Minuten, plus Einweichzeit
Garzeit: $4\frac{1}{2}$ – $5\frac{1}{2}$ Stunden

- 500 g getrocknete schwarze Bohnen
- 500 g Räucherspeck
- 1 große Zwiebel (geviertelt)
- 1 Stange Staudensellerie (gehackt)
- 3 Knoblauchzehen (geschält)
- $\frac{1}{2}$ – 1 Teelöffel schwarze Pfefferkörner
- 4 Gewürznelken
- $\frac{1}{2}$ Teelöffel Kreuzkümmelsamen
- 1 Lorbeerblatt
- 1 Knoblauchzehe (zerdrückt)
- Salz
- $\frac{1}{4}$ l trockener Sherry
- 2 rote Chilischoten (in feine Ringe geschnitten)

1 Schwarze Bohnen in einer Schüssel mit kaltem Wasser bedecken und über Nacht einweichen. Am nächsten Tag abschütten und gut unter fließendem Wasser abspülen.

2 Bohnen in einem großen Topf mit kaltem Wasser bedecken und zum Kochen bringen. 10 Minuten sprudelnd kochen, dann abgießen und abspülen. Mit Speck, Zwiebel, Sellerie, Knoblauch und 2 l Wasser wieder in den Topf geben und zum Kochen bringen. Entstehenden Schaum abschöpfen. Gewürze und Lorbeerblatt zugeben und die Suppe bei geschlossenem Topf 3 – 4 Stunden köcheln lassen.

3 Räucherspeck (für anderes Gericht verwenden) und Lorbeerblatt herausnehmen. Bohnenmischung abkühlen lassen und portionsweise in der Küchenmaschine oder mit dem Stabmixer pürieren, dabei ein paar ganze Bohnen zurückbehalten.

4 Pürierte Suppe durch ein Sieb in einen sauberen Topf geben, Knoblauch zufügen und mit Salz abschmecken. Suppe 45 Minuten köcheln lassen, dann den Sherry unterrühren. Weitere 20 Minuten köcheln lassen, bis die Suppe andickt. Die zurückbehaltenen Bohnen untermischen und die Suppe mit Chiliringen garniert servieren.

4-6 PORTIONEN

GARNELENSUPPE

Vorbereitungszeit: ca. 30 Minuten, plus Kühlzeit
Garzeit: ca. 1 Stunde

- 250 g gekochte Garnelen (geschält und fein gehackt)
- 2 Eßlöffel geriebene Zwiebel
- 1 Eßlöffel Tomatenmark
- 1 Teelöffel gemahlener Zimt
- 1 Teelöffel gemahlener Kreuzkümmel
- 1 Teelöffel gemahlener Koriander
- 1 Teelöffel gehackter Oregano
- 2 gehäufte Teelöffel Weizenmehl
- 1 Eigelb
- 1 Prise Salz

SUPPE:

- 3 Eßlöffel Olivenöl
- 1 Zwiebel (in dünne Ringe geschnitten)
- 2 Knoblauchzehen (durch die Presse gedrückt)
- 500 g Fleischtomaten (gehäutet, entkernt und gewürfelt)
- 4 grüne Chilischoten (entkernt und gehackt)
- 1 1/2 l Fischfond
- 2 Lorbeerblätter
- Salz und Pfeffer
- 2 Lauchzwiebeln zum Garnieren (in feine Streifen geschnitten)

1 Garnelen mit Zwiebel, Tomatenmark, Gewürzen und Kräutern, Mehl, Eigelb und Salz in eine Schüssel geben. Alles mischen und zugedeckt 30 Minuten kühl stellen.

2 Olivenöl in einem großen Topf erhitzen. Zwiebel und Knoblauch darin 5 Minuten weich schmoren. Tomaten und Chilis zugeben und alles weitere 15 Minuten garen.

3 Fischfond, Lorbeerblätter, Salz und Pfeffer zufügen, die Suppe aufkochen und 30 Minuten köcheln lassen.

4 Garnelenmischung auf 12 Portionen aufteilen, zu Bällchen formen und diese in die Suppe geben. Bei schwacher Hitze 5 Minuten ziehen lassen. Lorbeer entfernen. Suppe mit Lauchzwiebelstreifen garniert servieren.

4–6 PORTIONEN

GAZPACHO

Bei dieser berühmten kalten Suppe können die Gemüsewürfelchen – Gurke, Zwiebel, Paprika und Avocado – auch extra in Schälchen gereicht werden, so daß sich jeder Gast seine Suppe nach Belieben selbst zusammenstellen kann.

Vorbereitungszeit: ca. 15 Minuten, plus Kühlzeit

- 1 Knoblauchzehe (halbiert)
- 1¼ l Tomatensaft
- 4 Eßlöffel Olivenöl
- 3 Eßlöffel Zitronensaft
- 1 Eßlöffel Limettensaft
- 3 Teelöffel Zucker
- Salz und Pfeffer
- 200 g Salatgurke (geschält und gewürfelt)
- 100 g milde rote Zwiebel (gehackt)
- 150 g rote Paprikaschote (geputzt und gewürfelt)
- 100 g Avocado (ohne Kern, geschält und gewürfelt)
- 3 Eßlöffel gehackte gemischte Kräuter (Petersilie, Schnittlauch, Basilikum und Majoran)
- Eiswürfel zum Servieren

1 Eine Rührschüssel mit der Knoblauchhälfte ausreiben. Tomatensaft hineingießen, Öl, Zitronen- und Limettensaft sowie Zucker zugeben und nach Geschmack mit Salz und Pfeffer würzen. Alles locker verquirlen, dann zudecken und mindestens 1 Stunde kalt stellen.

2 Nach der Kühlzeit die Suppe noch einmal verquirlen, Gurke, Zwiebel, Paprika, Avocado und Kräuter zugeben und vorsichtig unterrühren. Eiswürfel in Suppentassen legen und die Suppe darauf gießen.

4-6 PORTIONEN

SCHARFE BOHNEN-PAPRIKA-SUPPE

Vorbereitungszeit: ca. 20 Minuten
Garzeit: ca. 45 Minuten

- 2 Eßlöffel Sonnenblumenöl
- 1 große Zwiebel (fein gehackt)
- 4 Knoblauchzehen (fein gehackt)
- 2 rote Paprikaschoten (geputzt und gewürfelt)
- 2 rote Chilischoten (entkernt und fein gehackt)
- 1 l Gemüsebrühe
- ¾ l Tomatensaft oder passierte Tomaten (Fertigprodukt)
- 3 Eßlöffel Tomatenmark
- 2 Eßlöffel milde Chilisoße (nach Belieben auch mehr)
- 400 g rote Kidney-Bohnen (Dose, abgetropft)
- 2 Eßlöffel fein gehacktes Koriandergrün
- Salz und Pfeffer

ZUM ANRICHTEN:

- 100 g saure Sahne oder Crème fraîche
- Schale von 1 Limette zum Garnieren (in Streifen geschnitten, nach Belieben)
- Tortilla-Chips (siehe Seite 12)

1 Öl in einem großen Topf erhitzen, Zwiebel und Knoblauch darin glasig dünsten, aber nicht anbräunen. Paprika und Chilis unterrühren und alles einige Minuten braten. Gemüsebrühe und Tomatensaft oder passierte Tomaten, Tomatenmark, Chilisoße, Kidney-Bohnen und Koriandergrün dazugeben. Alles zum Kochen bringen und bei geschlossenem Topf 30 Minuten köcheln lassen.

2 Etwas abkühlen lassen und dann zu einer geschmeidigen Suppe pürieren. Diese wieder in den Topf geben und mit Salz und Pfeffer abschmecken, wenn nötig, noch mit etwas Chilisoße nachwürzen. Einmal aufkochen und in vorgewärmten Suppentassen servieren. In jede Portion einen Klecks saure Sahne oder Crème fraîche rühren und nach Belieben mit Streifen von Limettenschale garnieren. Dazu Tortilla-Chips reichen.

6 PORTIONEN

KALTE AVOCADOSUPPE

Vorbereitungszeit: ca. 20 Minuten, plus Kühlzeit
Garzeit: ca. 2 Stunden

- 50 g Butter
- 4 Eßlöffel Olivenöl
- 1 Zwiebel (fein gehackt)
- 1 Stange Porree (fein gehackt)
- 1 Möhre (fein gehackt)
- 2 Knoblauchzehen (durch die Presse gedrückt)
- 4 reife Avocados (ohne Kern und geschält)
- 250 g Naturjoghurt
- Salz und Pfeffer
- 2 Eßlöffel Limettensaft
- 150 g Crème fraîche zum Anrichten

BRÜHE:

- 1 Suppenhuhn
- 1 Zwiebel (in Ringen)
- 2 Möhren
- 2 Stangen Staudensellerie
- 4 Knoblauchzehen (halbiert)
- 2 Lorbeerblätter
- einige schwarze Pfefferkörner
- 1/2 Teelöffel Salz

ZUM GARNIEREN:

- 2 Eßlöffel Schnittlauchröllchen
- 1/2 Eßlöffel Paprikapulver

1 Für die Brühe 2 l Wasser in einem großen Topf zum Kochen bringen. Suppenhuhn, Gemüse, Lorbeerblätter und Gewürze zugeben. Entstehenden Schaum abschöpfen, Hitze reduzieren und die Brühe 1 1/2 Stunden köcheln lassen. Abkühlen lassen und durchseihen.

2 Butter und Öl in einem großen Topf erhitzen, darin Zwiebel, Porree, Möhre und Knoblauch weich braten. Zirka 3/4 l der Hühnerbrühe zugeben und alles 30 Minuten leise köcheln lassen.

3 Avocados und 1 l der übrigen Brühe in der Küchenmaschine oder mit dem Stabmixer cremig pürieren. Die Gemüsemischung zugeben und alles zu einem geschmeidigen Püree verrühren.

4 Püree in eine große Schüssel geben, Joghurt unterrühren und nach Geschmack mit Salz und Pfeffer würzen. Limettensaft zugeben und die Suppe,wenn nötig, noch mit etwas Brühe verdünnen. 1 Stunde kalt stellen. Einen Klecks Crème fraîche unterziehen und mit Schnittlauchröllchen und Paprikapulver bestreut servieren.

6 PORTIONEN

TORTILLA-SUPPE

Vorbereitungszeit: ca. 15 Minuten
Garzeit: 50 Minuten – 1 Stunde
Ofentemperatur: 180 Grad, Gas Stufe 2–3, Umluft 160 Grad

- 1 große Zwiebel (in dicke Ringe geschnitten)
- 3 große Tomaten
- 3 Knoblauchzehen (geschält)
- 2 Eßlöffel Olivenöl
- 1 l Hühnerbrühe
- Salz und Pfeffer
- 2 Tortillas (zerkleinert)
- Öl zum Fritieren

ZUM GARNIEREN:

- 2 rote Chilischoten (entkernt und in feine Streifen geschnitten)
- Schale von 1 Limette (in Streifen geschnitten)

1 Den Ofen auf 180 Grad vorheizen. Zwiebel, Tomaten und Knoblauch auf ein Backblech legen und 15–20 Minuten im Ofen rösten, bis das Gemüse weich ist und die Haut der Tomaten dunkel wird.

2 Gemüse aus dem Ofen nehmen und leicht abkühlen lassen. Tomaten häuten und mit Zwiebel und Knoblauch in der Küchenmaschine oder mit dem Stabmixer pürieren.

3 Öl in einem schweren Topf erhitzen und die pürierte Mischung darin ein paar Minuten andünsten. So lange köcheln lassen, bis sie eindickt. Hühnerbrühe zugießen und alles zum Kochen bringen. Die Hitze reduzieren, mit Salz und Pfeffer würzen und die Suppe im geschlossenen Topf noch 15–20 Minuten weiterköcheln lassen.

4 Die zerkleinerten Tortillas bis auf einen kleinen Rest in wenig Öl goldbraun fritieren. Zum Abtropfen kurz auf Küchenpapier legen und dann in die Suppe geben. Die Suppe noch einmal 5 Minuten köcheln lassen.

5 Suppe in Suppenteller füllen. Mit Chili- und Limettenschalenstreifen sowie mit den zurückbehaltenen Tortillastückchen garnieren und servieren.

4 PORTIONEN

FLEISCH & GEFLÜGEL

Fleisch und Geflügel sind in Mexiko ein wichtiger Bestandteil der Ernährung. Zu den meisten Gerichten wird Reis als Beilage gereicht. Besonders beliebt sind Tacos und Tortillas mit Fleischfüllung. Man ißt sie als Snack oder auch mit noch mehr delikater Füllung als Hauptmahlzeit.

RINDFLEISCH-TACOS

Vorbereitungszeit: 20–25 Minuten
Garzeit: ca. 30 Minuten
Ofentemperatur: 180 Grad, Gas Stufe 2–3, Umluft 160 Grad

- 500 g Rinderhackfleisch
- 100 g Zwiebel (fein gehackt)
- 100 g grüne Paprikaschote (geputzt und fein gewürfelt)
- 1 Knoblauchzehe (durch die Presse gedrückt)
- 1 Teelöffel getrockneter Oregano
- 1/2 Teelöffel scharfes Paprikapulver
- 1/2 Teelöffel gemahlener Kreuzkümmel
- 1/4 Teelöffel zerstoßene getrocknete scharfe rote Chilischote
- Salz und Pfeffer
- 400 g Tomatenfruchtfleisch in Stücken (Dose)
- 12 Taco-Schalen

ZUM ANRICHTEN:

- Rotkohl (in feine Streifen geschnitten)
- saure Sahne
- Paprikapulver zum Garnieren

1 Ofen auf 180 Grad vorheizen. Hackfleisch in eine Pfanne geben und im eigenen Fett anbraten, bis es gar, gebräunt und krümelig ist. Zwiebel, Paprika und Knoblauch zugeben und alles unter gelegentlichem Umrühren weichschmoren. Oregano und andere Gewürze unterrühren, mit Salz und Pfeffer pikant würzen, Tomatenstücke zufügen und alles gut verrühren. Zugedeckt 10 Minuten sanft schmoren lassen, dabei gelegentlich umrühren.

2 Inzwischen die Taco-Schalen im Ofen erwärmen. Das Rindfleisch in den angewärmten Taco-Schalen mit Rotkohlstreifen, saurer Sahne und mit Paprikapulver garniert servieren.

4 PORTIONEN

GEBACKENE TORTILLAS MIT RINDFLEISCH

Diese Tortillas, die in Mexiko „Tostadas“ genannt werden, schmecken frisch serviert besonders gut. Fritieren Sie in diesem Fall die Tortillas erst dann, wenn das Rindfleisch bereits in der Pfanne brät.

Vorbereitungszeit: ca. 20 Minuten
Garzeit: 25–30 Minuten

- 8 Tortillas
- Öl zum Fritieren
- 500 g Rinderhackfleisch
- 2 rote Chilischoten (entkernt und gehackt)
- 2 Knoblauchzehen (durch die Presse gedrückt)
- 1/2 Teelöffel gemahlener Kreuzkümmel
- 125 g Tomatenpüree (Packung)
- 175 ml Fleischbrühe
- 1 Eßlöffel Essig
- 2 Tomaten (gehäutet, entkernt und gewürfelt)

ZUM GARNIEREN:
- rote Chilischoten
- grüne Chilischoten

1 In eine große Bratpfanne etwa 5 mm hoch Öl gießen und die Tortillas darin pro Seite ca. 1 Minute knusprig und goldbraun fritieren. Danach beiseite stellen und den Belag zubereiten.

2 Das Rinderhackfleisch in eine saubere Pfanne geben und im eigenen Fett braten, bis es gar, gebräunt und krümelig ist. Überschüssiges Fett abschöpfen.

3 Gehackte Chilis, Knoblauch, Kreuzkümmel, Tomatenpüree, Fleischbrühe und Essig zugeben. Aufkochen, umrühren und die Tomaten zugeben. Die Hitze reduzieren und die Hackfleischmischung 10–15 Minuten köcheln lassen, bis sie eindickt.

4 Auf jede fritierte Tortilla 1 gehäuften Eßlöffel der Fleischmischung geben. Mit roten und grünen Chilis garnieren und servieren.

4 PORTIONEN

MEXIKANISCHES RINDFLEISCH MIT LIMETTENREIS

Der Reis für dieses Gericht sieht besonders dekorativ aus, wenn man ihn in eine aus Butterbrotpapier geformte Spitztüte drückt und dann auf einen Teller stürzt. Wird die Tüte entfernt, bleibt der Reis als Kegel stehen.

Vorbereitungszeit: ca. 15 Minuten
Garzeit: ca. 45 Minuten

- 2 Eßlöffel Öl
- 500 g mageres Rinderhackfleisch
- 1 Zwiebel (fein gehackt)
- 1 rote Paprikaschote (geputzt und gewürfelt)
- 2 Knoblauchzehen (fein gehackt)
- 1 Eßlöffel Tomatenmark
- 1/2 Teelöffel Chilipulver (nach Geschmack auch mehr)
- 1 Teelöffel geröstete Kreuzkümmelsamen
- 150 g tiefgekühlte Maiskörner
- 250 g Kidney-Bohnen (vorgekocht oder aus der Dose)
- 1/2 l Gemüsebrühe
- Salz und Pfeffer
- 250 g Langkornreis
- Saft von 2 Limetten
- 3 Eßlöffel fein gehacktes Koriandergrün
- 1/2 grüne Chilischote zum Garnieren (entkernt und in feine Streifen geschnitten)

1 Öl in einem schweren Topf erhitzen, Rinderhackfleisch darin unter häufigem Rühren braten, bis es leicht gebräunt ist. Zwiebel, Paprika und Knoblauch zugeben und alles weich schmoren.

2 Tomatenmark, Chilipulver, Kreuzkümmel, Mais, Bohnen und Brühe zugeben. Mit Salz und Pfeffer abschmecken. Alles zum Kochen bringen und unter gelegentlichem Rühren 45 Minuten schmoren.

3 Nach ca. 25 Minuten den Reis mit 300 ml Wasser, Limettensaft und 1/2 Teelöffel Salz in einen Topf geben. Zum Kochen bringen und kurz umrühren. Zugedeckt 15 Minuten köcheln lassen.

4 Reis mit einer Gabel lockern und das Koriandergrün unterrühren. Das Rindfleisch mit Chilistreifen garnieren und servieren. Limettenreis dazu reichen.

4 PORTIONEN

VARIATION

MEXIKANISCHES SCHWEINEFLEISCH MIT LIMETTENREIS

Vorbereitungszeit: ca. 10 Minuten
Garzeit: ca. 1 Stunde

Rinderhackfleisch durch mageres Schweinehackfleisch ersetzen und statt der roten Paprikaschote 1 grüne verwenden. Die Gemüsebrühe durch ½ l Rinderbrühe ersetzen. Dann wie im Hauptrezept beschrieben fortfahren.

4 PORTIONEN

Klassische Zutaten

Grundlage für die meisten mexikanischen Gerichte sind nur einige wenige, ganz schlichte Zutaten, die Sie fast überall kaufen können.

Getrocknete Kichererbsen werden in der Dose oder getrocknet verkauft. Wie alle Hülsenfrüchte sind sie reich an Proteinen.

Getrocknete schwarze Bohnen sind die klassische Grundlage für gebackene Bohnen. Durch ihre feincremige Konsistenz eignen sie sich besonders für Suppen und Eintöpfe.

Naturreis nennt man jede Reissorte, die enthülst, aber ungeschält ist. Er ist als Rund-, Mittel- und Langkorn erhältlich.

Getrocknete rote Kidney-Bohnen sind in Mexiko und Zentralamerika Grundnahrungsmittel und werden für Gerichte wie Chili con Carne verwendet.

Getrocknete Wachtelbohnen haben eine weißgesprenkelte Schale, sind festkochend, passen gut zu Reis und werden häufig in Eintopfgerichten verwendet.

Strauchtomaten geben vielen mexikanischen Gerichten Farbe, Geschmack und Würze. Zum Enthäuten taucht man die aromatischen Tomaten einfach für 15 – 20 Sekunden in kochendes Wasser. So läßt sich die Haut ganz einfach abziehen.

Avocados haben ein cremiges Fruchtfleisch. Mit Zitronensaft beträufelt verfärbt es sich nach dem Aufschneiden nicht.
Limetten sind wegen ihres Safts und ihrer unbehandelten Schale sehr beliebt und noch aromatischer als Zitronen.
Tortilla-Chips werden zu Dips serviert. Sie können sie selbst herstellen oder fertig kaufen.
Mangos haben einen besonders erfrischenden und fruchtigen Geschmack. Sie eignen sich vorzüglich für Salate und Desserts.
Papayas, auch als Baummelonen bekannt, schmecken mit Limettensaft beträufelt sehr lecker.
Zartbitterschokolade wird für herzhafte Gerichte sowie für Desserts verwendet. Nehmen Sie möglichst nur Schokolade mit mindestens 60% Kakaoanteil .
Koriandergrün paßt wegen seines herb-würzigen Aromas gut zu mexikanischen Gerichten.
Mais-Tacoschalen werden aus fritiertem ungesäuerten Maismehlbrot hergestellt.
Weizenmehl-Tortillas werden für Fajitas sowie für Enchiladas gefüllt und gerollt.

PICADILLO

Dieser köstliche Rindfleischtopf mit seiner ungewöhnlichen Mischung aus Gewürzen und Früchten wird auf dem Herd gegart.

Vorbereitungszeit: ca. 15 Minuten
Garzeit: ca. 35 Minuten

- 75 g Schweineschmalz
- 750 g Rinderhackfleisch
- 1 große Zwiebel (fein gehackt)
- 4 Eßlöffel Rotwein
- 3 Eßlöffel Limettensaft
- 2 Tomaten (gehäutet, entkernt und gewürfelt)
- 2 kleine scharfe grüne Chilischoten (entkernt und gehackt)
- 100 g gefüllte grüne Oliven (in Scheibchen geschnitten)
- 1 Teelöffel Salz
- 2 Äpfel (ohne Kerngehäuse, geschält und gewürfelt)
- 3 Eßlöffel Kapern
- 75 g Rosinen
- 2 große Kartoffeln (geschält und gewürfelt)
- 1 Knoblauchzehe (durch die Presse gedrückt)
- 1½ Teelöffel gemahlener Kreuzkümmel
- geriebener Cheddarkäse
- ½ rote Paprikaschote zum Garnieren (geputzt und in feine Streifen geschnitten)

1 Die Hälfte vom Schweineschmalz in einer schweren Pfanne erhitzen. Hackfleisch und Zwiebel darin bei starker Hitze unter ständigem Rühren bräunen.

2 Hitze reduzieren, Wein und Limettensaft zugeben und 5 Minuten kochen lassen. Dann Tomaten, Chilis, Oliven, Salz, Äpfel, Kapern und Rosinen unterrühren. Fleischmischung zugedeckt 20 Minuten köcheln lassen.

3 Restliches Fett in einer anderen Pfanne erhitzen und darin Kartoffeln mit Knoblauch und Kreuzkümmel unter gelegentlichem Wenden braten, bis sie gleichmäßig goldbraun sind. Hitze reduzieren und noch weitere 10–12 Minuten braten, bis die Kartoffeln gar sind.

4 Zum Servieren die Fleischmischung über die Kartoffeln geben, mit etwas Cheddarkäse bestreuen und mit Paprikastreifen garnieren.

4 PORTIONEN

CHILI CON CARNE

Eines der bekanntesten Gerichte Mexikos ist das Chili con Carne mit Rindfleisch, Bohnen und scharfen Chilis.

Vorbereitungszeit: ca. 15 Minuten, plus Einweichzeit
Garzeit: 1 – 1 1/4 Stunden

- 2 Eßlöffel Öl
- 3 Zwiebeln (gehackt)
- 1 rote Paprikaschote (geputzt und gewürfelt)
- 2 Knoblauchzehen (durch die Presse gedrückt)
- 500 g mageres Rinderhackfleisch
- 1/2 l Fleischbrühe
- 1/2–1 Teelöffel Chilipulver
- 500 g Kidney-Bohnen (über Nacht eingeweicht)
- 400 g Tomatenfruchtfleisch in Stückchen (Dose)
- 1/2 Teelöffel gemahlener Kreuzkümmel
- Salz und Pfeffer
- 250 g Langkornreis

ZUM ANRICHTEN:

- saure Sahne
- Chilikerne
- geriebener Cheddarkäse
- Lauchzwiebeln zum Garnieren (in feine Ringe geschnitten)

1 Öl in einem schweren Topf oder einer feuerfesten Auflaufform erhitzen, Zwiebeln, rote Paprika und Knoblauch darin weich braten. Fleisch zugeben und anbraten, bis es etwas Farbe annimmt. Brühe einrühren, Chilipulver, Bohnen, Tomatenfruchtfleisch und Kreuzkümmel zugeben. Mit Salz und Pfeffer würzen.

2 Chili con Carne zum Kochen bringen und zugedeckt mindestens 1 Stunde köcheln lassen, bis die Bohnen gar sind. Dabei gelegentlich umrühren.

3 Inzwischen den Reis nach Packungsanleitung in reichlich Wasser mit etwas Salz kochen, dann abgießen. Das Chili con Carne auf ein Bett aus Reis geben und mit saurer Sahne, Chilikernen und geriebenem Cheddarkäse servieren. Mit den Lauchzwiebelringen garnieren.

4 PORTIONEN

TRUTHAHN IN MOLE

Mole ist eine cremige, würzige Soße. Es gibt sie in zahlreichen Varianten, eine der bekanntesten ist Mole poblano mit Schokolade. Servieren Sie dieses Gericht mit Reis oder als Füllung für Tacos oder Burritos.

Vorbereitungszeit: ca. 30 Minuten, plus Einweichzeit
Garzeit: 1 1/2–2 1/4 Stunden

- 2 1/2–3 kg Truthahn mit Innereien (in Stücke geschnitten)
- 1 Zwiebel (geviertelt)
- 1 Stange Staudensellerie mit Blättern (geviertelt)
- 3 Knoblauchzehen (geschält)
- 1 Lorbeerblatt
- einige schwarze Pfefferkörner

Mole:

- 6–8 getrocknete rote Chilischoten
- 20 abgezogene Mandeln
- 2 Eßlöffel Pinienkerne
- 5 mm Zimtstange
- 3 ganze Gewürznelken
- 1/4 Teelöffel Anis- oder Fenchelsamen
- 2 Mais-Tortillas (grob in Stücke zerkleinert)
- 1–2 Knoblauchzehen (durch die Presse gedrückt)
- 2 Teelöffel Tomatenmark
- 15 g Zartbitterschokolade (gerieben)
- Salz
- zerkrümelte getrocknete Chilischoten zum Garnieren

Zum Anrichten:

- Weizenmehl-Tortillas (in Streifen geschnitten)
- Lauchzwiebeln (in Streifen geschnitten)

1 Truthahnstücke und Innereien außer der Leber in einen Topf geben. Zwiebel, Sellerie, Knoblauch, Lorbeerblatt sowie Pfefferkörner hinzufügen und 1 – 1 1/2 l Wasser zugeben, so daß alle Zutaten bedeckt sind. Zum Kochen bringen und entstehenden Schaum abschöpfen. Hitze reduzieren, alles zugedeckt 1 – 1 1/2 Stunden köcheln, bis das Fleisch gar ist. Die Brust gart schneller als die Keulen und muß früher herausgenommen werden.

2 Während der Truthahn gart, kann mit der Mole begonnen werden. Dazu die Chilis in eine Pfanne mit Wasser geben, zum Kochen bringen und anschließend vom Herd nehmen. Zirka 45 Minuten einweichen.

3 Chilis abgießen, das Einweichwasser zurückbehalten. Die Schoten unter kaltem Wasser von Trennwänden und Kernen befreien. Dann in der Küchenmaschine oder mit dem Stabmixer zusammen mit etwa 1/8 l des Einweichwassers pürieren. Durch ein Sieb passieren, um Hautstücke zu entfernen, und beiseite stellen.

4 Mandeln und Pinienkerne in einer Pfanne ohne Fett goldgelb rösten. Mit Zimt, Gewürznelken, Anis- oder Fenchelsamen und Mais-Tortillas in die Küchenmaschine geben und zu einem groben Pulver mahlen.

5 Die gegarten Truthahnstücke aus dem Topf nehmen und leicht abkühlen lassen. Brühe durch ein Sieb gießen und 3/4 l davon abmessen. Vom Truthahnfleisch Haut und Knochen entfernen und das Fleisch entweder in Streifen schneiden oder mit zwei Gabeln in grobe Stücke zerpflücken. Beiseite stellen.

6 Chilipaste mit der Gewürz-Mandel-Mischung, Knoblauch, Tomatenmark und der abgemessenen Brühe in einem Topf verrühren und aufkochen. Schokolade einrühren und nach Geschmack alles mit Salz würzen. Hitze reduzieren und die Soße 15 – 20 Minuten köcheln lassen, bis sie andickt. Dabei gelegentlich umrühren.

7 Truthahnfleisch in der Soße erwärmen. Heiß auf einem Bett aus dünnen Tortilla- und Lauchzwiebelstreifen servieren. Mit zerstoßenen getrockneten Chilis garnieren.

6 PORTIONEN

BURRITOS MIT SCHWEINEFLEISCH-FÜLLUNG

Vorbereitungszeit: ca. 20 Minuten
Garzeit: ca. 1 1/2 Stunden
Ofentemperatur: 180 Grad, Gas Stufe 2–3, Umluft 160 Grad

- 1 kg Schweinerollbraten (aus der Schulter, ohne Knochen)
- 1 Eßlöffel Öl
- Salz
- 350 ml Fleischbrühe
- 250 g Tomatenpüree
- 1/2 Teelöffel geriebene Orangenschale
- 1 Teelöffel zerstoßene getrocknete Chilischoten, plus extra zum Garnieren
- 8 Weizenmehl-Tortillas
- saure Sahne zum Anrichten
- 1/2 Avocado zum Garnieren (ohne Kern, geschält und in dünne Scheiben geschnitten

1 Ofen auf 180 Grad vorheizen. Schweineschulter in einen Bräter geben und mit etwas Öl bepinseln. Mit Salz bestreuen und im vorgeheizten Ofen ca. 1 1/2 Stunden schmoren, bis der Braten knusprig, goldbraun und gar ist.

2 Inzwischen die Soße zubereiten. Dafür Fleischbrühe mit Tomatenpüree, Orangenschale und dem Großteil der zerstoßenen Chilis in einen kleinen Topf geben. Aufkochen, die Hitze reduzieren und ca. 30 Minuten köcheln, bis die Soße andickt.

3 Schweinebraten aus dem Ofen nehmen, von Fett befreien und in Streifen schneiden. In die Soße legen und bei sehr schwacher Hitze warm werden lassen.

4 Weizenmehl-Tortillas in Alufolie wickeln und bei schwacher Hitze im Backofen erwärmen. Dann in die Mitte jeder Tortilla eine kleine Portion der Fleischmischung geben und die Tortilla aufrollen. Burritos mit saurer Sahne anrichten und mit Avocado und den restlichen zerstoßenen Chilischoten garnieren.

4 PORTIONEN

VARIATION

BURRITOS MIT HÄHNCHEN

Vorbereitungszeit: ca. 20 Minuten
Garzeit: ca. 30 Minuten

Den Schweinerollbraten durch 1 kg gekochtes und zerkleinertes Hähnchenbrustfleisch ersetzen. Statt Fleischbrühe Hühnerbrühe verwenden. Da das Hähnchen bereits vorgekocht ist, muß es nicht mehr gebraten werden, sondern wird einfach in die Soße gegeben. Wie im Hauptrezept beschrieben fortfahren.

4 PORTIONEN

GEFÜLLTE PAPRIKA AUF MEXIKANISCHE ART

Vorbereitungszeit: ca. 35 Minuten
Garzeit: ca. 30 Minuten

- 6 große grüne Paprikaschoten
- 1 Grundmenge Picadillo (siehe Seite 38)
- 2 Eier (getrennt)
- Salz und Pfeffer
- Weizenmehl zum Panieren
- Öl zum Fritieren
- 1 Grundmenge Salsa Cruda (siehe Seite 94)

1 Jede Paprikaschote an einer Seite aufschneiden und vorsichtig die Kerne herauslöffeln, ohne die Schote dabei zu beschädigen. Lange Stielenden zurückschneiden, die Schoten waschen und mit der Picadillo-Mischung füllen.

2 Eiweiße in einer Schüssel sehr steif schlagen. In einer anderen Schüssel die Eigelbe mit Salz und Pfeffer verschlagen, bis sie sich hell zu verfärben beginnen, dann vorsichtig die Eiweiße unterheben.

3 Gefüllte Paprikaschoten zunächst in Mehl, dann in der Eiermischung wenden. In eine Pfanne 1 cm hoch Öl gießen und erhitzen. Paprikaschoten darin bei schwacher Hitze fritieren, dabei ab und zu wenden, bis sie rundum goldbraun sind. Auf Küchenpapier abtropfen.

4 Paprikaschoten in Scheiben schneiden und jeweils mit einer Portion Salsa Cruda servieren.

6 PORTIONEN

EMPANADAS

Diese fritierten Teigtaschen, die ursprünglich aus der argentinischen Küche stammen, sind inzwischen in allen Ländern Lateinamerikas verbreitet.

Vorbereitungszeit: ca. 30 Minuten, plus Ruhezeit
Garzeit: ca. 10 Minuten

TEIG:
- 250 g Weizenmehl
- 1/2 Teelöffel Salz
- 1 Teelöffel Paprikapulver
- 50 g Butter
- 1 Eßlöffel Öl
- Öl zum Fritieren

FÜLLUNG:
- 2 Lauchzwiebeln (gehackt)
- 1 Tomate (gehäutet, entkernt und gewürfelt)
- 50 g gekochter Schinken (kleingeschnitten)
- 50 g Cheddarkäse (gerieben)
- 200 g Zuckermais (Dose, püriert)
- 1 Teelöffel Chilisoße
- Salz und Pfeffer

1 Mehl, Salz und Paprikapulver in einer Schüssel mischen. Butter, Öl und 1/8 l Wasser in einem Topf erhitzen, bis die Butter geschmolzen ist. Mehl einrühren und alles zu einem weichen Teig verarbeiten. Den Teig auf eine leicht bemehlte Arbeitsfläche geben und rasch durchkneten. In Klarsichtfolie einschlagen und bei Zimmertemperatur 30 Minuten ruhen lassen.

2 Alle Zutaten für die Füllung in einer Schüssel gut mischen. Den Teig auf leicht bemehlter Arbeitsfläche dünn ausrollen. Mit einem Teigrädchen 12 Kreise mit 10 cm Ø ausschneiden. Auf jeden Kreis 2 Teelöffel der Füllung geben. Kreisränder mit etwas Wasser bepinseln und jeden Kreis zu einem Halbkreis falten. Ränder gut zusammendrücken.

3 In eine große Bratpfanne ca. 2,5 cm hoch Öl gießen. Erhitzen und die Empanadas darin portionsweise in ca. 5 Minuten fritieren, dabei einmal wenden, bis sie gleichmäßig gebräunt sind. Mit einem Schaumlöffel aus dem heißen Öl heben und zum Abtropfen auf Küchenpapier legen. Heiß servieren.

12 STÜCK

FLEISCHGEFÜLLTE TORTILLAS MIT SALSA CRUDA

Vorbereitungszeit: ca. 20 Minuten
Garzeit: 30–40 Minuten
Ofentemperatur: 180 Grad, Gas Stufe 2–3, Umluft 160 Grad

- 500 g Schweinehackfleisch
- 500 g Rinderhackfleisch
- 1 Eßlöffel Olivenöl
- 1 große Zwiebel (fein gehackt)
- 2 Knoblauchzehen (durch die Presse gedrückt)
- 1 Eßlöffel Chilipulver
- 1/2 Teelöffel gemahlener Kreuzkümmel
- 2 Teelöffel getrockneter Oregano
- 1 Prise Salz
- 50 ml Essig
- 1/4 l Fleischbrühe
- 12 fertige Mais- oder Weizen-Tortillas
- 450 g Salsa Cruda (siehe Seite 94)
- 100 g Cheddarkäse (gerieben)

ZUM GARNIEREN:

- in Scheiben geschnittene Radieschen oder Oliven
- zerstoßene getrocknete Chilischoten
- 1 rote Chilischote (entkernt und in feine Streifen geschnitten)

1 Ofen auf 180 Grad vorheizen. Schweine- und Rinderhackfleisch in eine Bratpfanne geben und im eigenen Fett so lange schmoren, bis es gebräunt und krümelig ist. Dabei das Fleisch mit einem Löffel zerteilen. Öl, Zwiebel und Knoblauch zugeben und weich schmoren. Chilipulver, Kreuzkümmel, Oregano und Salz unterrühren, dann Essig und Brühe zugießen. Die Fleischmischung 10 Minuten köcheln lassen, bis die Flüssigkeit verdampft ist. Vom Herd nehmen und abkühlen lassen.

2 Jede Tortilla mit etwas Salsa Cruda bestreichen und ca. 2 Eßlöffel der Fleischfüllung entlang der Mittellinie verteilen. Tortillas zu einer Rolle einschlagen, oben mit einem Holzstäbchen fixieren und nebeneinander in eine Auflaufform legen.

3 Tortillas mit der restlichen Salsa Cruda übergießen, mit geriebenem Cheddarkäse bestreuen und 20–30 Minuten im Ofen goldbraun backen. Aus der Form nehmen und mit Radieschen- oder Olivenscheiben, zerstoßenen getrockneten Chilischoten und den roten Chilischotenstreifen garnieren.

4 PORTIONEN

LAMM-EINTOPF MIT GERÖSTETEM KNOBLAUCH UND CHILI

Vorbereitungszeit: ca. 30 Minuten
Garzeit: 1 1/2 – 2 Stunden
Ofentemperatur: 220 Grad, Gas Stufe 4 – 5, Umluft 200 Grad

- 2 große rote oder grüne Chilischoten
- 2 große Knoblauchzehen (ungeschält)
- 1 Teelöffel Koriandersamen (geröstet und zerdrückt)
- 1 Teelöffel Kreuzkümmelsamen (geröstet und zerdrückt)
- 3 Eßlöffel Öl
- 750 g Lammfleisch (ohne Knochen, gewürfelt)
- 1 Zwiebel (gehackt)
- 350 g Langkorn-Naturreis (gekocht)
- 125 g Kichererbsen (gekocht)
- 400 g Tomatenfruchtfleisch in Stücken (Dose)
- 1 große Aubergine (gewürfelt)
- 75 g grüne Bohnen (in Stücke geschnitten)
- 1/2 l Gemüsebrühe
- Salz und Pfeffer
- 3 Eßlöffel gehacktes Koriandergrün
- Naturjoghurt, garniert mit Chilistreifen zum Anrichten
- 4 rote Chilischoten zum Garnieren

1 Chilis und Knoblauchzehen auf ein Backblech legen und im vorgeheizten Ofen bei 220 Grad 15 – 20 Minuten rösten. Aus dem Ofen nehmen, leicht auskühlen lassen und von den Chilis Haut und Kerne, von den Knoblauchzehen die Schale entfernen. Mit Koriander- und Kreuzkümmelsamen in eine Schüssel geben und zu einer Paste zerdrücken.

2 Einen Eßlöffel Öl in einem schweren Topf erhitzen, Lammfleisch darin gleichmäßig anbräunen. Mit einem Schaumlöffel aus dem Topf nehmen und beiseite stellen.

3 Restliches Öl im Topf erhitzen und darin die Zwiebel bei schwacher Hitze 5 Minuten schmoren. Chilipaste zugeben und alles 1 Minute anbraten.

4 Lammfleisch zusammen mit Reis, Kichererbsen, Tomaten, Aubergine, Bohnen und Brühe wieder in den Topf geben. Salzen und pfeffern, zum Kochen bringen und zugedeckt 1 – 1 1/2 Stunden köcheln lassen, bis das Fleisch weich ist. Koriandergrün unterrühren. Eintopf zusammen mit einem Schälchen Joghurt servieren. Jede Fleischportion mit 1 roten Chilischote garnieren.

4 PORTIONEN

VARIATION

HÄHNCHEN-EINTOPF MIT GERÖSTETEM KNOBLAUCH UND CHILI

Vorbereitungszeit: ca. 30 Minuten
Garzeit: 1 1/2 – 2 Stunden
Ofentemperatur: 220 Grad, Gas Stufe 4 – 5, Umluft 200 Grad

Das Lammfleisch durch die gleiche Menge Hähnchenbrust (ohne Knochen und Haut, gewürfelt) ersetzen. Wie im Hauptrezept beschrieben fortfahren, es genügt eine Garzeit von 45 – 60 Minuten.

4 PORTIONEN

GRÜNER CHILI-EINTOPF

Vorbereitungszeit: ca. 15 Minuten
Garzeit: ca. 2 ½ Stunden
Ofentemperatur: 190 Grad, Gas Stufe 3, Umluft 170 Grad

- 5 Eßlöffel Olivenöl
- 1 kg Rindfleisch (gewürfelt)
- 3 grüne Paprikaschoten (geputzt und gewürfelt)
- 3 Knoblauchzehen (durch die Presse gedrückt)
- 4 grüne Chilischoten (entkernt und in feine Ringe geschnitten)
- 400 g Tomatenfruchtfleisch in Stücken (Dose)
- 2 Teelöffel brauner Zucker
- ¼ Teelöffel gemahlene Gewürznelken
- ¼ Teelöffel gemahlener Zimt
- 2 Teelöffel Kreuzkümmel
- 4 Eßlöffel Limettensaft
- 325 ml Fleischbrühe
- Salz und Pfeffer

1 Ofen auf 190 Grad vorheizen. 3 Eßlöffel Olivenöl in einer großen, schweren Kasserolle erhitzen, Rindfleisch darin portionsweise bei mittlerer Hitze und unter gelegentlichem Rühren leicht anbräunen lassen. Mit einem Schaumlöffel aus der Kasserolle nehmen und warm stellen. Bratfond abgießen und aufbewahren.

2 Übriges Öl in der Kasserolle erhitzen. Paprikaschoten und Knoblauch darin bei schwacher Hitze 5 Minuten anbraten, bis die Paprikaschoten weich sind.

3 Fleisch wieder hineingeben. Chilischoten, Tomaten, braunen Zucker, Gewürznelken, Zimt, Kreuzkümmel, Limettensaft und Fleischbrühe zufügen. Alles unter ständigem Rühren aufkochen. Kasserolle mit dem Deckel verschließen, in den vorgeheizten Ofen stellen und den Eintopf 1 ¾ Stunden schmoren lassen.

4 Kasserolle wieder aus dem Ofen nehmen und den Eintopf offen weitere 20 Minuten auf dem Herd köcheln lassen, bis die Soße andickt. Nach Geschmack mit Salz und Pfeffer würzen und sofort servieren.

4 PORTIONEN

POSOLE

Vorbereitungszeit: ca. 25 Minuten
Garzeit: 2 1/4 Stunden

- 400 g Schweineschulter (ohne Knochen, gewürfelt)
- 250 g Schweinerippchen
- 1 große Zwiebel (geviertelt)
- 2 Knoblauchzehen (durch die Presse gedrückt)
- 1–1 1/2 kg Hähnchenfleisch (in Stücke zerteilt)
- 1 Eßlöffel Öl
- 200 g Zwiebel (gehackt)
- 4 Eßlöffel Chilipulver
- Salz und Pfeffer
- 200 g Zuckermais (Dose)

ZUM ANRICHTEN:

- Friséesalat
- Radieschenscheiben
- einige Zweige Koriandergrün

1 Gewürfeltes Schweinefleisch, Rippchen und Zwiebel in einen großen Topf geben und 2 l Wasser dazugießen. Alles zum Kochen bringen und entstehenden Schaum sorgfältig abschöpfen. Knoblauch zugeben, die Hitze reduzieren und alles zugedeckt 1 Stunde köcheln lassen. Hähnchenfleisch und 1 l Wasser zugeben und den Eintopf weitere 30 Minuten köcheln lassen.

2 Schweinefleisch, Rippchen und Hähnchenstücke mit einem Schaumlöffel aus dem Topf heben. Zwiebel aus der Brühe nehmen und die Brühe in eine Schüssel abseihen. Das ganze Fleisch fein würfeln und dabei Haut und Knochen entfernen.

3 Öl im Topf erhitzen und die gehackte Zwiebel darin goldbraun und weich braten. Chilipulver, die abgeseihte Brühe sowie Salz und Pfeffer nach Geschmack einrühren. Alles zum Kochen bringen, dann die Hitze reduzieren und den Zuckermais dazugeben. Zugedeckt noch 15 Minuten köcheln.

4 Feingewürfeltes Fleisch hineingeben und den Eintopf weitere 10 Minuten köcheln lassen. Heiß mit Friséesalat, Radieschenscheiben und Koriandergrün servieren.

4–6 PORTIONEN

MARINIERTE HÄHNCHENSPIESSE

Als Dekoration für dieses Gericht schneiden Sie eine dünne rote Chilischote mehrmals von der Spitze bis zum Stielansatz auf.

Vorbereitungszeit: ca. 20 Minuten, plus Marinierzeit
Garzeit: ca. 15 Minuten

- 6 Hähnchenbruststücke

MARINADE:
- Saft von 2 Limetten
- 1 Eßlöffel Honig
- 1 grüne Chilischote (entkernt und fein gehackt)
- 2 Eßlöffel Olivenöl

AVOCADO-CREME:
- 3 Eßlöffel Olivenöl
- 1 Eßlöffel Rotweinessig
- 1 große Avocado (ohne Kern, geschält und zerdrückt)
- 1 große Tomate (gehäutet, entkernt und gewürfelt)
- 2 Lauchzwiebeln (gehackt)
- 150 g saure Sahne

ZUM GARNIEREN:
- Schale von 1 Limette (in Streifen geschnitten)
- Chiliblüten (siehe oben)

1 Für die Marinade Limettensaft in eine große Schüssel geben. Honig, gehackte Chili und Olivenöl unterrühren. Alles zu einer geschmeidigen Flüssigkeit rühren.

2 Knochen und Haut von den Hähnchenbruststücken entfernen und das Fleisch in lange Streifen schneiden. In die Marinade legen und vorsichtig umrühren, bis es vollständig damit überzogen ist. Fleisch zugedeckt mindestens 1 Stunde kalt stellen.

3 Hähnchenbruststreifen auf Holzstäbchen spießen und mit der Marinade bepinseln. Unter dem vorgeheizten elektrischen Grill oder auf dem Holzkohlengrill braten, bis das Fleisch zart, goldbraun und gar ist. Dabei gelegentlich wenden. Falls nötig, die Fleischspieße während des Grillens noch einmal mit Marinade bepinseln.

4 Inzwischen die Avocado-Creme zubereiten. Olivenöl und Essig in einer Schüssel verquirlen, Avocado unterrühren und alles zu einer geschmeidigen Creme rühren. Gewürfelte Tomate, Lauchzwiebeln und zum Schluß die saure Sahne unterheben. Avocado-Creme mit Limettenschalenstreifen und Chiliblüten garnieren und zu den Fleischspießen servieren.

4 PORTIONEN

VARIATION

MARINIERTE TRUTHAHN-SPIESSE

Vorbereitungszeit: ca. 20 Minuten, plus Marinierzeit
Garzeit: ca. 15 Minuten

1 Hähnchenbruststücke durch (je nach Größe) 2–3 Truthahnbruststücke ersetzen.

2 Für die Marinade den Saft von 2 Zitronen statt Limettensaft und 1 rote Chilischote statt der grünen verwenden. Dann wie im Hauptrezept beschrieben fortfahren.

4 PORTIONEN

ORANGEN-HÄHNCHEN

Vorbereitungszeit: ca. 15 Minuten
Garzeit: ca. 1 Stunde 20 Minuten

- 1 Teelöffel Salz
- 1/4 Teelöffel Kreuzkümmel
- 1 Messerspitze gemahlene Gewürznelken
- 4 Hähnchenteile
- 2 Eßlöffel Öl
- 1 Zwiebel (gehackt)
- 2 Knoblauchzehen (durch die Presse gedrückt)
- 150 ml frisch gepreßter Orangensaft
- 150 ml Hühnerbrühe
- 2 Eßlöffel Rosinen
- 2 grüne Chilischoten (entkernt; in Ringe geschnitten)
- 50 g Mandelsplitter
- 3 Orangen (in Spalten)

1 Salz, Kreuzkümmel und Gewürznelken vermischen. Zum Würzen die Hähnchenteile von allen Seiten mit dieser scharfen Mischung einreiben.

2 Öl in einer großen Bratpfanne erhitzen, Hähnchenteile hineingeben und unter gelegentlichem Wenden rundherum anbräunen. Hähnchen mit einem Schaumlöffel wieder herausnehmen und warm halten.

3 Zwiebel und Knoblauch in die Pfanne geben und bei schwacher Hitze weich braten. Hähnchenteile zurück in die Pfanne geben, Orangensaft, Hühnerbrühe, Rosinen und Chilis unterrühren. Zugedeckt 1 Stunde schmoren lassen, bis das Fleisch zart und gar ist.

4 Mandeln und Orangenspalten zugeben und vorsichtig untermischen. Bei schwacher Hitze alles noch einmal 5 Minuten ziehen lassen. Die Hähnchenteile nach Belieben auf einem Bett von grünen Bohnen servieren.

4 PORTIONEN

TORTILLAS MIT HÄHNCHENFÜLLUNG

Vorbereitungszeit: ca. 30 Minuten, plus Kühlzeit
Garzeit: ca. 40 Minuten
Ofentemperatur: 200 Grad, Gas Stufe 3 – 4, Umluft 180 Grad

- 6 Hähnchenbrustfilets (gewürfelt)
- 2 große Zwiebeln (in Ringe geschnitten)
- 1 rote Paprikaschote (gewürfelt)
- 1 grüne Paprikaschote (gewürfelt)
- 2 Eßlöffel Olivenöl
- 12 weiche, warme Tortillas
- 250 g Guacamole (siehe Seite 12)
- 300 g saure Sahne
- 2 Eßlöffel geröstete Sesamsamen
- 1 Eßlöffel gehacktes Koriandergrün

MARINADE:

- Saft von 4 Limetten
- 3 Eßlöffel Olivenöl
- 1 Teelöffel getrockneter Oregano
- 1 Teelöffel getrockneter Koriander

1 Für die Marinade alle Zutaten verrühren. Hähnchenfleisch hineinlegen und zugedeckt 4 Stunden kalt stellen.

2 Hähnchen und Marinade in einen Bräter geben, mit Alufolie abdecken und im vorgeheizten Ofen bei 200 Grad 30 Minuten garen. Nach 20 Minuten Folie entfernen.

3 Zwiebeln und Paprika braten, auf die Tortillas geben. Hähnchen, Guacamole, saure Sahne und Sesam darauf verteilen. Mit Koriander bestreuen, Tortillas aufrollen.

4 PORTIONEN

FISCH & MEERES-FRÜCHTE

Die klassisch mexikanische Kombination aus Zitrusfrüchten und Gewürzen gibt vor allen Dingen frischem Fisch und Meeresfrüchten ein ungewöhnliches Aroma. Versuchen Sie doch einmal die berühmte „Ceviche“ oder eines der anderen leckeren Gerichte aus dem folgenden Kapitel.

GARNELEN ACAPULCO

Vorbereitungszeit: ca. 30 Minuten
Garzeit: 35–45 Minuten

- 500 g große rohe Garnelen
- 25 g Butter
- ½ Zwiebel (fein gehackt)
- 3 Knoblauchzehen (durch die Presse gedrückt)
- 1 grüne Chilischote (entkernt und fein gehackt)
- 3 Eßlöffel gehackte Petersilie
- 3 große Tomaten (gehäutet, entkernt und gewürfelt)
- 2 Eßlöffel Tomatenmark
- Saft von 1 Limette
- Salz und Pfeffer

Zum Garnieren:

- 1 kleine rote Chilischote (entkernt und in Streifen geschnitten)
- Limettenspalten

1 Garnelen schälen und den schwarzen Darm, der entlang des Rückens verläuft, entfernen, Garnelen beiseite stellen. Die Schalen mit 300 ml Wasser in einen kleinen Topf geben, zum Kochen bringen und 15–20 Minuten sanft köcheln lassen. Sud in ein Gefäß abseihen, beiseite stellen und die Schalen wegwerfen.

2 Butter in einer großen, schweren Pfanne erhitzen und Zwiebeln und Knoblauch darin weich und goldgelb braten. Chilis und Petersilie zugeben und alles weitere 2 Minuten unter Rühren braten, bis die Petersilie dunkelgrün geworden ist.

3 Tomaten, Tomatenmark und Limettensaft zugeben. Nach Geschmack mit Salz und Pfeffer würzen und die Tomatenmischung 10–15 Minuten köcheln lassen, bis sie andickt.

4 Das zurückbehaltene Garnelenkochwasser zugeben. Alles weitere 5 Minuten unter gelegentlichem Rühren köcheln lassen. Vorsichtig die geschälten Garnelen zufügen und 2–3 Minuten garen, bis sie rosa werden. Das Garnelengericht mit Chilistreifen und Limettenspalten garnieren und servieren.

4 PORTIONEN

CEVICHE

Diese köstliche Art, Frisches aus dem Meer zuzubereiten, ist in ganz Lateinamerika verbreitet. Die Säure des Limettensafts in der Marinade „gart“ Fisch auch ohne Erhitzen. Servieren Sie das Gericht, wenn Fisch und Meeresfrüchte nicht mehr glasig sind.

Vorbereitungszeit: ca. 15 Minuten, plus Marinierzeit

- 500 g gemischter Fisch und Meeresfrüchte (Filets von Seezunge, Flunder, Schellfisch, dazu Muscheln und Garnelen)
- 1/8 l Limettensaft
- 2 Tomaten (gehäutet, entkernt und gewürfelt)
- 1/2 Teelöffel zerstoßene getrocknete rote Chilischoten
- 1 Eßlöffel Olivenöl
- 1/2 Teelöffel Salz
- 1 Prise getrockneter Oregano
- Pfeffer
- Schale von 1 Limette (in Streifen geschnitten)

1 Fisch und Meeresfrüchte kalt abspülen, mit Küchenpapier trockentupfen und in kleine Stücke schneiden. Garnelen schälen und vom Darm befreien.

2 Fisch und Meeresfrüchte in eine Porzellanschüssel geben und Limettensaft darüber gießen. Darauf achten, daß alles gut mit Saft durchtränkt ist. Schüssel zugedeckt 3–4 Stunden in den Kühlschrank stellen, bis Fisch und Meeresfrüchte nicht mehr glasig sind.

3 Tomaten, zerstoßene getrocknete Chilischoten, Olivenöl, Salz, Oregano und Pfeffer mit dem gekühlten Fisch verrühren. Alles noch einmal 2–3 Stunden kalt stellen. Noch 15 Minuten bei Zimmertemperatur stehen lassen. Mit Limettenschalenstreifen garniert servieren.

4 PORTIONEN

REIS MIT MEERESFRÜCHTEN

Vorbereitungszeit: ca. 20 Minuten
Garzeit: ca. 30 Minuten

- 1 kg gemischter Fisch und Meeresfrüchte (Octopus oder Tintenfisch, Garnelen, Weißfisch und Muschelfleisch)
- 2 Eßlöffel Olivenöl
- 1 große Zwiebel (gehackt)
- 2 Knoblauchzehen (durch die Presse gedrückt)
- 250 g Langkornreis
- ca. 3/4 l Fischfond
- 3 Tomaten (gehäutet, entkernt und gewürfelt)
- 2 Eßlöffel gehackte Petersilie
- Salz und Pfeffer
- 2 halbierte rote Chilischoten zum Garnieren

1 Fisch und Meeresfrüchte vorbereiten. Dafür Octopus oder Tintenfisch waschen, putzen und in Ringe schneiden. Fangarme in kleine Stücke schneiden. Garnelen waschen und schälen. Weißfisch waschen und in größere Stücke schneiden. Muschelfleisch waschen.

2 Öl in einer großen, tiefen Pfanne erhitzen, Zwiebel und Knoblauch darin weich und goldgelb braten. Reis zugeben und einige Minuten sanft umrühren, bis alle Körner leicht glasig aussehen.

3 Etwas Fischfond angießen, gewürfelte Tomaten zugeben und alles zum Kochen bringen. Hitze reduzieren, sanft köcheln und dabei immer wieder Fischfond zugießen, bis alle Flüssigkeit aufgenommen und der Reis gar ist. Nach 15 Minuten den vorbereiteten Fisch sowie die Meeresfrüchte zugeben.

4 Wenn der Reis gar ist, gehackte Petersilie unterrühren und nach Geschmack mit Salz und Pfeffer abschmecken. Mit den halbierten Chilischoten garniert servieren.

4 PORTIONEN

Chilis

Chilis gibt es in mehr als 100 verschiedenen Sorten, von den milden Anaheim-Chilis bis zu den feurigen Habañeros. Ob gemahlen, getrocknet, eingelegt oder frisch – ihre kräftigen Farben und ihre typische Schärfe machen Chilis zu einer wichtigen Zutat in der mexikanischen Küche.

Chilipulver wird aus getrockneten, gemahlenen Chilischoten gewonnen. Es ist mild bis sehr scharf erhältlich und kann durch Cayennepfeffer ersetzt werden. **Scharfe getrocknete Chilischoten** sind eine gute Alternative zu frischen Chilis. Ob zerkrümelt über ein Gericht gestreut oder als Ganzes in Eintopfgerichte gegeben – sie verleihen jedem Gericht zusätzliche Würze. Sie können bis zu 1 Jahr an einem trockenen Ort aufbewahrt werden. **Cayennepfeffer** wird aus getrockneten Vogelaugen-Chilis hergestellt. Das Würzpulver ähnelt sehr dem Chilipulver, ist aber etwas weniger scharf. **Eingelegte Jalapeño-Chilis** kann man entweder als ganze Schoten kaufen oder, wie hier abgebildet, in Scheiben geschnitten. So harmlos diese kleinen grünen Schoten auch aussehen – sie sind höllisch scharf. **Zerstoßene getrocknete Chiliflocken** kann man im Mörser durch Zerstoßen von getrockneten Chilis selbst herstellen. Luftdicht und dunkel gelagert, halten sie sich mehrere Monate.

Habañero-Chilis sind bekannt für ihre feurige Schärfe. Bei der Zubereitung ist Vorsicht geboten, sie können Reizungen an Haut und Augen hervorrufen. **Grüne und rote Chilischoten** gibt es in vielen Supermärkten in großer Auswahl. Sie sind meist 5–7 Zentimeter lang, den Jalapeño-Chilis in Form und Größe sehr ähnlich, doch sie sind meist weniger scharf. **Anaheim-Chilis** Diese großen grünen Chilis werden oft gefüllt serviert. Sie haben einen milden, feinen Geschmack. **Karibische Lampion-Chilis** sind eng mit Habañero-Chilis verwandt und fast genauso scharf wie diese. Nicht nur wegen ihres Geschmacks, sondern auch wegen ihrer dekorativen Form werden sie in der mexikanischen Küche oft verwendet. **Vogelaugen-Chilis** Diese tropfenförmigen Chilischoten, die auch als mexikanische Erdnüsse bekannt sind, gedeihen wild in Mexiko und den USA. Sie werden im Handel nicht nur frisch, sondern auch oft in getrockneter Form angeboten.

TORTILLAS MIT CRABMEAT-FÜLLUNG

Gefüllte und mit einer Soße überbackene Tortillas werden in Mexiko als „Enchiladas" bezeichnet. Sie können auf verschiedene Art gefüllt werden: mit Fisch oder, wie hier, mit Meeresfrüchten; mit Fleisch, wie in den „Fleischgefüllten Tortillas" (siehe Seite 45) oder mit Gemüse.

Vorbereitungszeit: ca. 25 Minuten
Garzeit: ca. 20 Minuten
Ofentemperatur: 200 Grad, Gas Stufe 3–4, Umluft 180 Grad

- Butter zum Fetten der Auflaufform
- Öl zum Braten
- 12 Weizenmehl-Tortillas
- 450 g Salsa Cruda (siehe Seite 94)
- 200 g Crabmeat (gehackt)
- 250 g Cheddarkäse (gerieben)
- 125 g Mozzarella (gewürfelt)
- 1 kleine rote Zwiebel (fein gehackt)

Zum Anrichten:

- saure Sahne
- Schnittlauchröllchen
- zerstoßene getrocknete Chilischoten

1 Ofen auf 200 Grad vorheizen und eine feuerfeste Form mit Butter fetten. Sie muß groß genug sein, damit 12 gerollte Tortillas darin nebeneinander Platz haben.

2 Öl in einer großen Bratpfanne erhitzen und Tortillas darin nacheinander ein paar Sekunden bei mittlerer Hitze anbraten, bis sie weich werden. Achtung: Die Tortillas dürfen nicht zu lange gebraten werden, da sie nicht knusprig werden sollen.

3 Mit Küchenpapier überschüssiges Öl von den Tortillas abtupfen. Auf jeder Tortilla etwas Salsa Cruda verteilen.

4 Auf die Mitte jeder Tortilla etwas Crabmeat geben. Cheddarkäse und Mozzarella darüber streuen. Dabei von jeder Käsesorte einen Rest zurückbehalten, dann ein wenig rote Zwiebel darüber verteilen. Die Tortillas aufrollen und in die vorbereitete Form legen.

5 Restliche Salsa Cruda über den Tortillas verteilen, übrigen Käse darüber streuen. Tortillas im vorgeheizten Ofen 15–20 Minuten überbacken. Mit saurer Sahne, Schnittlauchröllchen und zerstoßenen getrockneten Chilischoten servieren.

4–6 PORTIONEN

VARIATION

TORTILLAS MIT GARNELENFÜLLUNG

Vorbereitungszeit: ca. 25 Minuten
Garzeit: ca. 20 Minuten
Ofentemperatur: 200 Grad, Gas Stufe 3–4, Umluft 180 Grad

Crabmeat durch folgende Mischung ersetzen: 250 g gekochte, geschälte und vom Darm befreite Garnelen, 50 g Rosinen, 50 g gehackte Mandeln und 2 Eßlöffel gehackte grüne Oliven. Dann wie im Hauptrezept beschrieben fortfahren.

4–6 PORTIONEN

FORELLE MIT KORIANDERGRÜN

Vorbereitungszeit: ca. 15 Minuten
Garzeit: ca. 20 Minuten

- 1 kg Lachsforellenfilets
- 4 Eßlöffel Limetten- oder Zitronensaft
- 2 Teelöffel Salz
- Öl zum Braten
- 4 Eßlöffel Olivenöl
- 50 g frische Brotkrumen
- 1 Knoblauchzehe (durch die Presse gedrückt)
- 6 Eßlöffel gehacktes Koriandergrün
- 1 Teelöffel Limetten- oder Zitronenschale (in feine Streifen geschnitten)
- Pfeffer
- 2 Limetten zum Anrichten (in Spalten geschnitten)

1 Fischfilets kalt abspülen und mit Küchenpapier trockentupfen. Den Fisch mit der Hälfte des Limetten- oder Zitronensafts und der Hälfte vom Salz einreiben, dann mit der Haut nach unten in eine leicht geölte schwere Bratpfanne geben.

2 Soviel kaltes Wasser angießen, daß die Fischfilets bedeckt sind. Fisch bei schwacher Hitze 5 Minuten köcheln lassen und zwischendurch zweimal wenden.

3 In einer zweiten Pfanne die Hälfte des Olivenöls erhitzen, Brotkrumen, Knoblauch, übriges Salz und 4 Eßlöffel Koriandergrün hineingeben. So lange bei schwacher Hitze unter Rühren braten, bis die Krumen goldbraun sind. Auf den Fischfilets verteilen und den Fisch weitere 7–10 Minuten garen, bis er leicht zerteilt werden kann.

4 Restlichen Limetten- oder Zitronensaft mit übrigem Öl verquirlen, über den Fisch gießen, 2–3 Minuten ziehen lassen. Übriges Koriandergrün mit Limetten- oder Zitronenschalenstreifen mischen. Fisch damit bestreuen. Filets pfeffern und mit Limettenspalten servieren.

4 PORTIONEN

FISCH À LA VERACRUZ

Mit warmen Tortillas und einem gemischten Salat serviert, eignet sich dieses schnell zubereitete Gericht, wenn Gäste kommen. Dazu paßt Reis.

Vorbereitungszeit: ca. 15 Minuten
Garzeit: ca. 30 Minuten

- 4 Eßlöffel Olivenöl
- 2 Zwiebeln (gehackt)
- 1 Knoblauchzehe (durch die Presse gedrückt)
- 2 kleine scharfe rote Chilischoten (entkernt und fein gehackt)
- 4 große Tomaten (gehäutet, entkernt und gewürfelt)
- 8 gefüllte grüne Oliven (gehackt)
- 4 entsteinte schwarze Oliven (gehackt)
- 1 Eßlöffel gehackte Kapern
- 1 Prise getrockneter Oregano
- 1 kg Fischfilets (Red Snapper oder Seebarsch)
- 50 g Weizenmehl
- Salz
- 50 g Butter
- einige Zweige Koriandergrün zum Garnieren

1 Öl in einer Pfanne erhitzen, Zwiebeln und Knoblauch darin weich und goldgelb braten. Chilis, gewürfelte Tomaten, Oliven, Kapern und Oregano unterrühren. Zum Kochen bringen, die Hitze reduzieren und die Mischung 20 Minuten köcheln lassen.

2 Inzwischen die Fischfilets kalt abspülen und mit Küchenpapier trockentupfen. Mehl mit wenig Salz in einer flachen Schüssel mischen und die Fischfilets darin panieren. Überschüssiges Mehl abschütteln.

3 Butter in einer großen Bratpfanne erhitzen, Fischfilets hineinlegen und ca. 5 Minuten pro Seite braten, bis sie goldbraun und gar sind.

4 Fischfilets auf einen vorgewärmten Servierteller legen und mit der heißen Tomatensoße anrichten. Mit Koriandergrün garnieren und sofort servieren.

4-6 PORTIONEN

GARNELEN-EMPANADAS

Vorbereitungszeit: ca. 25 Minuten, plus Zeit zum Abkühlen und Kaltstellen
Garzeit: 20–25 Minuten

- 2 Eßlöffel Olivenöl
- 1 große Zwiebel (fein gehackt)
- 2 Knoblauchzehen (durch die Presse gedrückt)
- 4 Eßlöffel Tomatenmark
- 500 g Garnelen (gekocht und fein gehackt)
- 4 grüne Chilischoten (entkernt und fein gehackt)
- 1 Teelöffel gemahlener Kreuzkümmel
- 1 Teelöffel gemahlener Piment
- 2 Teelöffel Oregano
- 1 Eßlöffel Zitronensaft
- Salz und Pfeffer
- 20 Weizenmehl-Tortillas
- Öl zum Fritieren
- saure Sahne zum Anrichten
- gehacktes Koriandergrün zum Garnieren

1 Öl in einer schweren Pfanne erhitzen, Zwiebel und Knoblauch darin bei schwacher Hitze goldgelb braten. Tomatenmark, Garnelen, Chilis, Kreuzkümmel, Piment, Oregano und Zitronensaft zugeben, mit Salz und Pfeffer abschmecken. Die Mischung kochen lassen, bis sie ein wenig andickt, dann zum Abkühlen beiseite stellen.

2 Einen knappen Löffel der abgekühlten Garnelenmischung in die Mitte jeder Tortilla setzen. Tortillas über der Garnelenfüllung zusammenschlagen, Ränder etwas anfeuchten und gut mit den Fingern zusammendrücken. Alle Empanadas auf diese Weise verschließen.

3 Empanadas mit Klarsichtfolie abdecken und bis zum Fritieren im Kühlschrank kalt stellen.

4 Ausreichend Öl zum Fritieren in einem großen Topf erhitzen. Die Empanadas in kleinen Portionen in das Öl geben und goldgelb fritieren. Zum Abtropfen auf Küchenpapier legen und warm stellen. Möglichst heiß mit saurer Sahne und mit Koriandergrün garniert servieren.

4-6 PORTIONEN

VARIATION

RINDFLEISCH-EMPANADAS

Vorbereitungszeit: ca. 25 Minuten
Garzeit: 20–25 Minuten

1 Garnelenfüllung durch Rindfleisch-Mischung ersetzen: 3 Eßlöffel Öl in einer Pfanne erhitzen, 1 gehackte Zwiebel darin anbraten. 1 gehäutete, entkernte und gewürfelte Tomate mit 1 Teelöffel Paprikapulver zugeben und weich schmoren. 1 kg magere Rindfleischwürfel mit 2 Eßlöffeln Mehl, 1/4 l Fleischbrühe, 1/2 Teelöffel gemahlenem Kreuzkümmel, 1/2 Teelöffel Chilipulver und Salz hineingeben.

2 Füllung zugedeckt 15 Minuten köcheln. Offen weiterkochen, bis sie auf die Hälfte reduziert ist. Abkühlen lassen. Wie im Hauptrezept beschrieben fortfahren.

4-6 PORTIONEN

REIS- & GEMÜSE-GERICHTE

Ob als Beilage oder eigenständige Mahlzeit serviert – mexikanische Reis- und Gemüsegerichte sehen nicht nur lecker aus, sie schmecken auch einfach köstlich. Außerdem sind die meisten Rezepte in Minutenschnelle zubereitet.

MEXIKANISCHER REIS

Vorbereitungszeit: ca. 15 Minuten, plus Zeit zum Durchziehen und Trocknen
Garzeit: 20–30 Minuten

- 250 g Langkornreis
- 4 Eßlöffel Olivenöl
- 2 Knoblauchzehen (durch die Presse gedrückt)
- 1 kleine Zwiebel (gerieben)
- 1 rote Paprikaschote (geputzt und gewürfelt)
- 1 große Tomate (gehäutet, entkernt und gewürfelt)
- 1 Eßlöffel fein gehacktes Koriandergrün
- 1 Eßlöffel gemahlener Kreuzkümmel
- 600 ml – 3/4 l Hühner- oder Fleischbrühe
- Salz und Pfeffer

ZUM GARNIEREN:

- Schnittlauch
- 1 rote Chilischote (in feine Streifen geschnitten)

1 Reis in einem Sieb gründlich unter kaltem Wasser abspülen, um überschüssige Stärke zu entfernen. Gut abtropfen lassen und in eine große Schüssel geben. Mit heißem Wasser bedeckt 30 Minuten ziehen lassen.

2 Reis in ein Sieb abgießen und dieses ca. 1 Stunde über einer Schüssel hängen lassen, bis der Reis gänzlich getrocknet ist.

3 Öl in einer schweren Bratpfanne erhitzen, Reis zugeben. Bei mittlerer Hitze unter Rühren so lange anbraten, bis alle Reiskörner gut mit Öl bedeckt sind und glasig werden. Knoblauch und Zwiebel zugeben und so lange weiterbraten, bis sie glasig sind und der Reis goldgelb ist.

4 Rote Paprika, Tomate, Koriander, Kreuzkümmel und Brühe zugeben. Gut umrühren und alles zugedeckt bei schwacher Hitze 20–30 Minuten garen, bis die Flüssigkeit ganz aufgesogen und der Reis weich und locker ist. Nach Geschmack mit Salz und Pfeffer würzen. Den Reis heiß, garniert mit Schnittlauch und Chilischotenstreifen, als Beilage zu einem Hauptgericht servieren.

4 PORTIONEN

VARIATION

SCHARFER MEXIKANISCHER REIS

Vorbereitungszeit: ca. 15 Minuten, plus Zeit zum Durchziehen und Trocknen
Garzeit: 20–30 Minuten

Für eine etwas schärfere Beilage 1–2 entkernte und gehackte rote Chilischoten gemeinsam mit roter Paprika und Tomate zugeben.

4 PORTIONEN

GOLDGELBER REIS MIT GEGRILLTEM GEMÜSE

Vorbereitungszeit: ca. 15 Minuten
Garzeit: ca. 45 Minuten

- 1 Eßlöffel Olivenöl
- 250 g Langkorn-Naturreis
- 1 Teelöffel Kurkuma
- ½ l Brühe
- Olivenöl zum Bepinseln
- 1 rote Paprikaschote (geputzt und halbiert)
- 1 gelbe Paprikaschote (geputzt und halbiert)
- 1 kleine Aubergine (der Länge nach in dicke Scheiben geschnitten)
- 2 kleine rote Zwiebeln (ungeschält und halbiert)
- Salz und Pfeffer
- 3 Eßlöffel gehackter Oregano

1 Öl in einem schweren Topf erhitzen, Reis und Kurkuma zugeben und umrühren, bis alle Reiskörner mit Öl überzogen sind. Brühe angießen und alles zum Kochen bringen. Kurz umrühren, dann den Reis bei geschlossenem Topf und schwacher Hitze 40 Minuten köcheln lassen, bis die Flüssigkeit aufgesogen ist.

2 Inzwischen die Gemüsestücke mit Öl bepinseln. In eine heiße Grillpfanne legen und 10–15 Minuten garen, bis sie weich und angebraten sind.

3 Die gegrillten Zwiebeln schälen und in Stücke schneiden. Das restliche Gemüse ebenfalls in mundgerechte Stücke schneiden.

4 Reis mit den Gemüsestücken anrichten. Nach Geschmack salzen, pfeffern und mit Oregano bestreuen.

4 PORTIONEN

VARIATION

GOLDGELBER REIS MIT FRÜHLINGSGEMÜSE

Vorbereitungszeit: ca. 15 Minuten
Garzeit: ca. 45 Minuten

1 Gemüse durch 6 junge, kleine Möhren, 2 Fenchelknollen, 3 kleine Pastinaken, 3 kleine gelbe Zucchini und etwa 150 g Zuckermais ersetzen.

2 Alles Gemüse in mundgerechte Stücke schneiden und wie im Hauptrezept beschrieben fortfahren.

4 PORTIONEN

GEMÜSE-FAJITAS

Vorbereitungszeit: ca. 15 Minuten
Garzeit: 15 – 20 Minuten

- 2 Eßlöffel Olivenöl
- 2 große Zwiebeln (in dünne Ringe geschnitten)
- 2 Knoblauchzehen (durch die Presse gedrückt)
- 2 rote Paprikaschoten (geputzt und gewürfelt)
- 2 grüne Paprikaschoten (geputzt und gewürfelt)
- 4 grüne Chilischoten (entkernt und in feine Ringe geschnitten)
- 2 Teelöffel Oregano
- 250 g Champignons (in Scheiben geschnitten)
- Salz und Pfeffer

ZUM ANRICHTEN:
- 12 angewärmte Tortillas
- Schnittlauch

1 Olivenöl in einer großen Pfanne erhitzen und Zwiebeln und Knoblauch darin ca. 5 Minuten anbraten, bis sie weich und goldgelb sind.

2 Rote und grüne Paprika, Chilis und Oregano zugeben und alles gut verrühren. Zirka 10 Minuten braten, bis das Gemüse weich und gar ist.

3 Champignons unter das Gemüse mischen und alles 1 Minute braten. Gemüsemischung nach Geschmack mit Salz und Pfeffer würzen.

4 Zum Servieren die Gemüsemischung auf die angewärmten Tortillas legen und diese zusammenrollen oder -falten. Mit Schnittlauch garniert heiß servieren.

4 PORTIONEN

GRÜNER REIS

Vorbereitungszeit: ca. 10 Minuten
Garzeit: ca. 30 Minuten

- 50 g Schweineschmalz
- 200 g Langkornreis
- 1 Zwiebel (fein gehackt)
- 1 Knoblauchzehe (durch die Presse gedrückt)
- 400 g Tomaten (Dose, abgetropft und in Stücken)
- 1/2 l Gemüsebrühe
- Salz und Pfeffer
- 2 Eßlöffel Öl
- 2 grüne Paprikaschoten (geputzt und in dünne Streifen geschnitten)
- 150 g gefüllte grüne Oliven (in Scheiben geschnitten)

1 Schmalz in einer schweren Bratpfanne erhitzen und den Reis hineingeben. Unter Rühren anbraten, bis alle Reiskörner mit Fett überzogen sind und glänzen.

2 Zwiebel, Knoblauch und Tomaten zugeben und 2 Minuten anbraten. Zirka 3/8 l Brühe angießen und alles bei geschlossener Pfanne ca. 25 Minuten köcheln lassen, bis der Reis weich ist und die ganze Flüssigkeit aufgesogen hat. Zwischendurch nach Bedarf immer wieder Brühe angießen. Mit Salz und Pfeffer abschmecken.

3 Fünf Minuten vor Ende der Garzeit Öl in einer zweiten Pfanne erhitzen und die Paprikastreifen darin pfannenrühren, bis sie gar, aber immer noch schön grün sind.

4 Paprikastreifen und Olivenscheiben zum gekochten Reis geben und das Gericht sofort servieren.

4 PORTIONEN

VARIATION

ROTER REIS

Vorbereitungszeit: ca. 10 Minuten
Garzeit: ca. 30 Minuten

Grüne Paprikaschoten durch rote ersetzen und gleichzeitig mit den Tomaten noch 2 Eßlöffel Tomatenmark in die Pfanne geben.

4 PORTIONEN

CHIMICHANGAS

Diese fritierten Gemüse-Tortillas sind ein klassisches mexikanisches Gericht.

Vorbereitungszeit: ca. 20 Minuten
Garzeit: 15–20 Minuten

- 2 Eßlöffel Olivenöl
- 1 kleine Zwiebel (gehackt)
- 1 rote Paprikaschote (geputzt und gewürfelt)
- 150 g Champignons (in dünne Scheiben geschnitten)
- 2 Tomaten (gehäutet, entkernt und gewürfelt)
- 2 rote Chilischoten (entkernt und fein gehackt)
- Salz und Pfeffer
- 200 g Cheddarkäse (gerieben)
- 8 Weizenmehl-Tortillas
- Öl zum Fritieren
- einige Zweige Koriandergrün zum Anrichten
- Schalen von 2 Zucchini zum Garnieren (in feine Streifen geschnitten)

1 Olivenöl in einer schweren Pfanne erhitzen, Zwiebel und rote Paprika zugeben und anbraten, bis sie etwas weicher, aber noch bißfest sind. Champignons, Tomaten und Chilis zugeben und das Gemüse bei mittlerer Hitze 3–4 Minuten pfannenrühren. Nach Geschmack mit Salz und Pfeffer würzen.

2 Pfanne vom Herd nehmen und geriebenen Cheddarkäse unter das kurzgebratene Gemüse mischen. So lange vorsichtig verrühren, bis der Käse schmilzt.

3 Gemüse-Käse-Mischung in 8 Portionen teilen und jeweils auf die Mitte von 1 Tortilla geben. Vorsichtig die gegenüberliegenden Seiten über der Füllung zusammenfalten, dann die losen Ränder unterschlagen, so daß die Füllung eingeschlossen ist.

4 Ausreichend Öl zum Fritieren in einer schweren Bratpfanne erhitzen und darin jeweils 1–2 Tortillas fritieren, bis sie knusprig und goldgelb sind. Dabei einmal wenden. Mit einem Schaumlöffel aus dem Öl heben und zum Abtropfen auf Küchenpapier legen. Fertige Tortillas warm stellen, während die restlichen gebacken werden. Tortillas auf einem Bett aus Koriandergrün anrichten. In Streifen geschnittene Zucchinischalen sowie Salz darüberstreuen und die Tortillas sofort servieren .

4 PORTIONEN

VARIATION

BROKKOLI-CHIMICHANGAS

Vorbereitungszeit: ca. 30 Minuten
Garzeit: 15–20 Minuten

1 Noch 250 g kleine gedämpfte Brokkoliröschen zu der Gemüsemischung geben. Dann wie im Hauptrezept beschrieben fortfahren.

2 Zu den Tortillas Guacamole (siehe Seite 12) und saure Sahne servieren.

4 PORTIONEN

GEBACKENE BOHNEN

Vorbereitungszeit: ca. 10 Minuten, plus Einweichzeit
Garzeit: ca. 2 1/2 Stunden

- 250 g getrocknete Wachtel-Bohnen
- 4 Knoblauchzehen (durch die Presse gedrückt)
- 1 Lorbeerblatt
- 4 Eßlöffel Schweineschmalz
- 200 g Zwiebel (gehackt)
- Salz und Pfeffer
- saure Sahne zum Anrichten

Zum Garnieren:

- einige Zweige Koriandergrün
- zerdrückte Pfefferkörner

1 Bohnen in eine große Schüssel geben und mit kaltem Wasser bedecken. Mindestens 6 Stunden oder besser über Nacht einweichen. Dann abschütten und gründlich unter kaltem Wasser abspülen.

2 Bohnen mit Knoblauch und Lorbeerblatt in einen großen Topf geben. Mit kaltem Wasser bedecken und zum Kochen bringen. Alles 10 Minuten kräftig kochen lassen, dann die Hitze reduzieren und die Bohnen ca. 2 Stunden leise köcheln lassen, bis sie sehr weich sind.

3 Bohnen abgießen und die Kochflüssigkeit dabei zurückbehalten. Lorbeerblatt herausnehmen. Bohnen mit einem Kartoffelstampfer, in der Küchenmaschine oder mit dem Stabmixer grob zerkleinern. Wenn nötig, etwas von dem zurückbehaltenen Kochwasser zugeben, bis die gewünschte Konsistenz erreicht ist.

4 Schweineschmalz in einer Pfanne auslassen, Zwiebel zugeben und unter Rühren anbraten, bis sie weich ist. Bohnen dazugeben, salzen und pfeffern und alles gut verrühren. Bohnenmischung wieder sehr heiß werden lassen und weiter zerstampfen. Wenn nötig, mehr Flüssigkeit zugeben. Bohnen mit saurer Sahne und mit Koriandergrün sowie mit zerdrückten gemischten Pfefferkörnern garnieren und servieren.

4 PORTIONEN

KICHERERBSEN PIKANT

Vorbereitungszeit: ca. 15 Minuten, plus Einweichzeit
Garzeit: ca. 1 Stunde 20 Minuten

- 300 g getrocknete Kichererbsen
- 1 1/2 Teelöffel Salz
- 1 ganze Zwiebel (geschält)
- 6 Streifen durchwachsener Speck (kleingeschnitten)
- 2 Zwiebeln (gehackt)
- 1 Knoblauchzehe (durch die Presse gedrückt)
- 1 rote Paprikaschote (geputzt und gewürfelt)
- 1/4 Teelöffel Pfeffer
- 1 kleine getrocknete scharfe rote Chilischote (zerstoßen)
- 1/2 Teelöffel Oregano
- 300 g Tomaten (gehäutet, entkernt und gewürfelt)
- 2 Eßlöffel Tomatenmark
- Oreganoblätter

1 Kichererbsen über Nacht in kaltem Wasser einweichen. Am nächsten Tag abgießen und mit 1 Teelöffel Salz und der ganzen Zwiebel in einen Topf geben. Mit kaltem Wasser bedecken.

2 Zum Kochen bringen und 10 Minuten sprudelnd kochen lassen. Die Hitze reduzieren und offen ca. 45 Minuten köcheln lassen, bis die Kichererbsen weich und gar sind. Abgießen und beiseite stellen.

3 Speck in einer Pfanne auslassen. Gehackte Zwiebeln, Knoblauch und rote Paprika zugeben und weiterbraten, bis alles weich ist. Restliches Salz, Pfeffer, Chili, Oregano, Tomaten, Tomatenmark und 100 ml Wasser unter die Speckmischung rühren.

4 Die abgetropften Kichererbsen zugeben und alles gut verrühren. Das Gericht 10 Minuten köcheln lassen, dabei gelegentlich umrühren. Mit Oreganoblättern garnieren und servieren.

4 PORTIONEN

GURKEN-ANANAS-SALAT MIT GUACAMOLE

Dieser erfrischende Salat ist die perfekte Ergänzung zu den scharfen mexikanischen Gerichten. Die Guacamole sollte möglichst erst kurz vor dem Servieren zubereitet werden, da sie sich verfärbt, wenn sie zu lange steht. Auf Seite 12 finden Sie Tips, wie man ein Verfärben verhindern kann.

Vorbereitungszeit: ca. 20 Minuten, plus Abtropfzeit

- 1/2 Gurke (in hauchdünne Scheiben geschnitten)
- 1 Teelöffel Salz
- 1/2 reife Ananas (geschält, vom Strunk befreit und in mundgerechte Stücke geschnitten)
- zerdrückte gemischte Pfefferkörner
- 1 Grundmenge Guacamole (siehe Seite 12)

1 Gurkenscheiben in ein Sieb geben und mit Salz bestreuen. Auf einem großen Teller oder im Spülbecken 20–30 Minuten abtropfen lassen.

2 Gurkenscheiben unter kaltem Wasser abspülen. Gut abtropfen lassen, dann kurz auf Küchenpapier legen, damit sie so gut wie möglich trocknen. Mit Ananas und zerdrückten gemischten Pfefferkörnern in eine Schüssel geben und vorsichtig vermischen. Den Salat sofort mit Guacamole servieren.

4 PORTIONEN

WEIHNACHTSSALAT

Vorbereitungszeit: ca. 30 Minuten

- 1 grüner Apfel (vom Kerngehäuse befreit und in Spalten geschnitten)
- 2 Orangen (in Spalten zerteilt)
- 1/2 frische Ananas (geschält, vom Strunk befreit und in Stücke geschnitten)
- 1 große Banane (in Scheiben geschnitten)
- 1 großer roter Apfel (vom Kerngehäuse befreit und in Spalten geschnitten)
- 1/8 l Limettensaft
- 1 großer Kopfsalat (in Blätter geteilt)
- 2 rote Bete (gekocht, geschält und gewürfelt)

DRESSING:

- 6 Eßlöffel Olivenöl
- 2 Eßlöffel Zitronen- oder Limettensaft
- 1 Teelöffel Zucker
- 1/2 Teelöffel Salz

ZUM GARNIEREN:

- 75 g ungesalzene geröstete Erdnüsse
- 1 Eßlöffel gehackte Petersilie

1 Früchte in einer Schüssel mit Limettensaft beträufeln, damit sie sich nicht verfärben.

2 Für das Dressing alle Zutaten vermischen und gründlich verquirlen oder in ein Gefäß mit Drehverschluß geben und kräftig schütteln, bis sich der Zucker völlig aufgelöst hat.

3 Kopfsalat, rote Bete und Früchte auf einer Platte anrichten und Dressing darüberträufeln. Den Salat mit Erdnüssen und Petersilie garnieren und servieren.

4–6 PORTIONEN

SCHNELLER KICHERERBSENSALAT

Verwenden Sie Kichererbsen aus der Dose, dann entfällt das umständliche Einweichen und Kochen, das bei getrockneten Kichererbsen nötig ist. Hier ist ein schnell zubereiteter Kichererbsensalat, mit einem Dressing aus Olivenöl, Knoblauch, Zitrone und frischer Petersilie.

Vorbereitungszeit: ca. 10 Minuten

- 2 Dosen Kichererbsen (je 425 g)
- 6 Lauchzwiebeln (in feine Ringe geschnitten)
- 1 rote Chilischote (entkernt und in feine Ringe geschnitten)
- 4 Eßlöffel gehackte Petersilie
- gegrilltes Pittabrot oder anderes warmes Brot zum Anrichten (nach Belieben)

DRESSING:

- 6 Eßlöffel Olivenöl
- 1–2 Knoblauchzehen (durch die Presse gedrückt)
- 1/2 Teelöffel fein geriebene Zitronenschale
- 3 Eßlöffel Zitronensaft
- Salz und Pfeffer

1 Kichererbsen aus der Dose in ein Sieb abschütten. Unter kaltem Wasser abspülen, gründlich abtropfen lassen. Mit Lauchzwiebeln, Chili und Petersilie in eine große Servierschüssel geben.

2 Zutaten für das Dressing in einer kleinen Schüssel verrühren oder in ein Gefäß mit Schraubdeckel geben und kräftig schütteln. Das Dressing über den Salat gießen und alles gut vermischen. Den Salat nach Belieben mit gegrilltem Pittabrot oder anderem warmen Brot servieren.

4–6 PORTIONEN

VARIATION

BOHNENSALAT MIT GEGRILLTER ZWIEBEL

Vorbereitungszeit: ca. 15 Minuten

1 Statt der Kichererbsen Cannellini-Bohnen aus der Dose verwenden. Lauchwiebeln durch 3 rote Zwiebeln ersetzen. Zwiebeln in Spalten schneiden, auf einen Grillrost legen und mit etwas Dressing bestreichen.

2 Zwiebeln unter dem vorgeheizten Grill ca. 8 Minuten garen, bis sie weich sind und bräunen. Zum Abkühlen beiseite stellen. Zwiebeln auf den Bohnensalat häufen. Übriges Dressing darüber gießen und den Salat servieren.

4–6 PORTIONEN

DESSERTS

Es lohnt sich, auch einmal eine mexikanische Nachspeise auszuprobieren. In diesem Kapitel finden Sie Anregungen für den süßen Abschluß von Ananas-Bananen-Flambée bis hin zu so unwiderstehlichen Klassikern wie den Churros. Von fruchtig bis cremig – hier ist für jeden Geschmack etwas dabei.

MEXIKANISCHE KRAPFEN

Vorbereitungszeit: ca. 20 Minuten, plus Ruhezeit
Garzeit: ca. 30 Minuten

- 250 g Weizenmehl
- 1 Teelöffel Backpulver
- 1 Prise Salz
- 1 Eßlöffel Zucker
- 1 Ei (gut verschlagen)
- 2 Eßlöffel flüssiges Schweineschmalz
- 1/8 l Milch
- Mehl zum Bearbeiten
- Öl zum Fritieren

SIRUP:

- 4 Eßlöffel Sherry
- 125 g brauner Zucker
- 1/2 Zimtstange

1 Mehl, Backpulver und Salz in eine große Rührschüssel sieben. Zuerst Zucker, dann Ei, Schmalz und ausreichend Milch unterrühren, so daß ein weicher, aber nicht zu klebriger Teig entsteht.

2 Teig in 8–12 gleiche Portionen teilen. Jede Portion mit bemehlten Händen zu einer Kugel formen. Mit Klarsichtfolie abdecken und 30 Minuten ruhen lassen. Dann zu flachen Küchlein formen und in die Mitte jeweils eine kleine Mulde drücken.

3 In einem Topf Öl auf 180 Grad erhitzen, so daß ein Brotwürfel innerhalb von 30 Sekunden braun wird. Mit einem Schaumlöffel jeweils ein paar Küchlein in das Öl geben und fritieren, bis sie goldbraun und aufgegangen sind. Zum Abtropfen auf Küchenpapier legen.

4 Inzwischen alle Zutaten für den Sirup mit 350 ml Wasser in einen schweren Topf geben und langsam unter Rühren zum Kochen bringen. Die Mischung 20–30 Minuten köcheln lassen, dabei gelegentlich umrühren, bis der Sirup andickt. Zimtstange herausnehmen und den Sirup zu den Krapfen reichen.

4-6 PORTIONEN

CHURROS

Diese mexikanischen Doughnuts schmecken wunderbar mit frischem Obst. Verwenden Sie zum Ausbacken ein hoch erhitzbares Pflanzenöl wie z.B. Erdnußöl.

Vorbereitungszeit: ca. 20 Minuten
Garzeit: ca. 15 Minuten

- 150 g Butter
- 150 g Weizenmehl
- 3 Eier
- 1 Eigelb
- abgeriebene Schale von 1 Orange
- Öl zum Fritieren
- 1 Eßlöffel gemahlener Zimt
- 150 g Zucker

1 Butter in Stücke schneiden und mit 300 ml Wasser in einen großen Topf geben. Wasser langsam erhitzen, bis die Butter geschmolzen ist und sprudelnd aufkochen.

2 Sobald das Wasser kocht, das Mehl mindestens zweimal durchsieben und in das Wasser einstreuen. Topf vom Herd nehmen und das Mehl in die Butter-Wasser-Mischung einrühren. So lange weiterschlagen, bis sich die Mischung zu einer Kugel formt und vom Topfrand löst. Leicht abkühlen lassen, dann Eier, zusätzliches Eigelb und Orangenschale unterschlagen.

3 Mischung in einen Spritzbeutel mit großer Sterntülle füllen und 15 cm lange Stäbchen auf ein Stück Butterbrotpapier spritzen. In einem großen, schweren Topf ausreichend Öl zum Fritieren auf 180 Grad erhitzen. Ein Brotwürfel sollte darin in 30 Sekunden braun werden.

4 Jeweils einige Churros auf einmal fritieren, bis sie goldbraun sind. Dabei einmal wenden. Mit einem Schaumlöffel aus dem Öl nehmen und zum Abtropfen auf Küchenpapier legen.

5 Zimt und Zucker vermischen und vor dem Servieren über die warmen Churros streuen.

4-6 PORTIONEN

OBSTSALAT

Vorbereitungszeit: ca. 30 Minuten

- 1/2 Wassermelone (entkernt und in Scheiben geschnitten)
- 1 Galia-Melone (entkernt und in Scheiben geschnitten)
- 1 große Banane (in Scheiben geschnitten)
- 1 Orange (in Spalten zerteilt)
- 150 g Ananas (in Stücke geschnitten)
- Saft von 1/2 Limette
- 25 g Zucker
- 50 g Pecannußkerne zum Garnieren (gehackt, halbiert oder ganz)

1 Von der Wassermelone 5 und von der Galia-Melone 4 Scheiben beiseite legen, den Rest würfeln. Übriges Obst bis auf die Melonenscheiben in einer Schüssel mit Limettensaft verrühren. 1 Scheibe Wassermelone pürieren und durch ein Sieb streichen. Zucker in ca. 50 ml Wasser auflösen, zum Kochen bringen, pürierte Wassermelone zum Sirup geben und alles über das Obst gießen.

2 Obstsalat im Kühlschrank erkalten lassen. Mit Melonenscheiben und Pecannußkernen garniert servieren.

4 PORTIONEN

VARIATION

EXOTISCHER FRÜCHTESALAT

Vorbereitungszeit: ca. 30 Minuten

Obst aus dem Hauptrezept durch exotische Früchte wie Sternfrucht (Karambole), Papaya, Kiwi, Guave und Charentais-Melone ersetzen. Von der Charentais-Melone 1 Scheibe pürieren, zum Sirup geben. Früchtesalat mit den übrigen Charentais-Melonenscheiben servieren.

4 PORTIONEN

MARMORIERTE EISCREME AUS MANGO, PAPAYA UND PFIRSICH

Vorbereitungszeit: ca. 30 Minuten, plus Gefrierzeit

- 1/4 l Milch
- 4 Eigelbe
- 125 g Zucker
- 1 Prise Salz
- 250 g frisches Mango-Mus
- 1–2 Teelöffel Limettensaft
- 250 g Crème double
- 100 g frisches Papaya-Mus
- 100 g frisches Pfirsich-Mus
- 2 Eßlöffel weißer Rum
- Puderzucker (nach Belieben)
- Minzezweige zum Garnieren

1 Milch in einem schweren Topf erhitzen. Eigelbe mit Zucker und Salz in einer hitzebeständigen Schüssel so lange locker verschlagen, bis die Masse hell wird. Heiße Milch nach und nach einrühren, die Masse wieder in den Topf geben und erhitzen, bis sie andickt. Nicht kochen lassen, da die Creme sonst gerinnt.

2 Creme in eine Schüssel gießen und abkühlen lassen. Mango-Mus und Limettensaft einrühren. Die Crème double steif schlagen und locker unter die Mangocreme heben. In eine Metallschüssel gießen, abdecken und gefrieren, bis die Eiscreme fest zu werden beginnt.

3 Papaya-Mus, Pfirsich-Mus und Rum verrühren. Nach Geschmack mit Puderzucker süßen.

4 Abwechselnd 1 Löffel der Mango-Eiscreme und der Papaya-Pfirsich-Mischung in eine Metallschüssel geben. Vorsichtig mit dem Löffel durchziehen, so daß ein Marmormuster entsteht. Abdecken und wieder in das Tiefkühlfach stellen, bis das Eis fest ist.

5 Vor dem Servieren die Eiscreme bei Zimmertemperatur antauen lassen. Mit einem Eisportionierer Kugeln ausstechen. Diese in Schälchen verteilen, mit Minzezweigen garnieren und sofort servieren.

6 PORTIONEN

MANGO-MOUSSE

Vorbereitungszeit: ca. 20 Minuten, plus Kühlzeit

- 2 Mangos
- 75 g Puderzucker (gesiebt)
- Saft von 1 Limette oder Zitrone
- 2 Teelöffel gemahlene Gelatine (eingeweicht in 2 Eßlöffeln kaltem Wasser)
- 300 g Crème double (geschlagen)
- Schale von 1 Limette oder Zitrone zum Garnieren (in Streifen geschnitten)

1 Mangos der Länge nach halbieren, das Fruchtfleisch herauslösen und mit Puderzucker und Limetten- oder Zitronensaft zu einer geschmeidigen Masse pürieren.

2 Gelatine leicht erwärmen, bis sie sich aufgelöst hat. Etwas abkühlen lassen, dann mit der Crème double unter das Mango-Mus heben. Mousse in Portionsschälchen füllen und im Kühlschrank steif werden lassen.

3 Mango-Mousse mit Limetten- oder Zitronenschalenstreifen garnieren und servieren.

4 PORTIONEN

BANANEN-ANANAS-FLAMBÉE

Vorbereitungszeit: ca. 15 Minuten
Garzeit: ca. 15 Minuten

- 1 kleine Ananas
- 50 g Butter
- 50 g brauner Zucker
- Saft von 1 Limette
- 4 Bananen (in dicke Scheiben geschnitten)
- ½ Teelöffel gemahlener Zimt
- 4 Eßlöffel Tequila

1 Ananas schälen, mit dem Schopf von oben nach unten in Achtel schneiden und den Strunk entfernen. Ananasachtel in einer heißen Grillpfanne 5 Minuten anbraten, bis auf dem Fruchtfleisch ein Gittermuster entsteht.

2 Butter in einer schweren Pfanne schmelzen, Zucker bei schwacher Hitze einrieseln lassen und so lange rühren, bis er sich aufgelöst hat. Limettensaft zugeben.

3 Hitze erhöhen und die Zuckermischung einige Minuten Blasen werfen lassen, bis sie andickt. Darauf achten, daß der Zucker nicht anbrennt oder karamelisiert. Bananen und Ananas hineingeben und 2 Minuten bei schwacher Hitze garen. Mit Zimt bestreuen.

4 Tequila in die Pfanne geben, aus sicherer Entfernung entzünden. Wenn die Flammen verlöschen, flambierte Banane und Ananas auf 4 Teller verteilen und servieren.

4 PORTIONEN

VARIATION

PAPAYA-ANANAS-FLAMBÉE

Vorbereitungszeit: ca. 10 Minuten
Garzeit: ca. 15 Minuten

1 Bananen durch 2 Papayas ersetzen. Papayas schälen und Kerne herausschaben. Fruchtfleisch in Scheiben schneiden. Wie im Hauptrezept beschrieben fortfahren.

4 PORTIONEN

MEXIKANISCHER KARAMEL-FLAN

Vorbereitungszeit: ca. 25 Minuten
Garzeit: ca. 45 Minuten
Ofentemperatur: 180 Grad, Gas Stufe 2–3, Umluft 160 Grad

- 125 g Zucker
- 450 ml Milch
- 1 Prise Salz
- 1 Vanilleschote
- 1 Zimtstange
- 1 Ei
- 3 Eigelbe
- rote Johannisbeeren zum Garnieren
- Minzezweige zum Garnieren

1 Ofen auf 180 Grad vorheizen. Die Hälfte des Zuckers mit etwas Wasser in einen Topf geben. Langsam unter Rühren erhitzen, bis sich der Zucker auflöst. Dann stark kochen lassen, bis der Karamel goldfarben wird. In 6 Puddingförmchen jeweils etwas Karamel geben und die Förmchen schwenken, bis der Boden vollständig mit Karamel bedeckt ist.

2 Milch erwärmen. Übrigen Zucker, Salz, Vanille und Zimt zugeben, unter Rühren 3 Minuten aufkochen. Vanille und Zimt entfernen und die Masse abkühlen.

3 Ei und Eigelbe schaumig rühren, in die Milch rühren. Masse in die Förmchen gießen. In einen Bräter 2,5 cm hoch heißes Wasser füllen, Förmchen hineinstellen.

4 Bräter in den heißen Ofen schieben. Flantörtchen ca. 45 Minuten kochen, bis sie fest sind. Abkühlen lassen und kalt stellen. Flan aus den Förmchen stürzen und mit Minze und roten Johannisbeeren garnieren.

6 PORTIONEN

GRUNDREZEPTE

Wenn Sie es extra scharf mögen, können Sie zu den mexikanischen Gerichten eine oder mehrere der folgenden Soßen reichen.

SALSA CRUDA

Vorbereitungszeit: ca. 20 Minuten

- 500 g Tomaten (gehäutet, entkernt und gewürfelt)
- 1 Zwiebel (gehackt)
- 70 g milde grüne Chilischote (gehäutet, entkernt und gehackt)
- 1–2 Eßlöffel gehacktes Koriandergrün
- 1 Eßlöffel Zitronensaft
- 1 Teelöffel Zucker
- Salz

Tomaten, Zwiebel, Chili, Koriandergrün, Zitronensaft, Zucker und Salz nach Geschmack in einer Schüssel mischen. In einem luftdicht verschlossenen Gefäß aufbewahren und bei Bedarf servieren.

ERGIBT ETWA 500 GRAMM

SALSA ROJA

Vorbereitungszeit: ca. 10 Minuten
Garzeit: ca. 15 Minuten

- 5 kleine getrocknete rote Chilischoten (zerkrümelt)
- 400 g Tomatenfruchtfleisch in Stücken (Dose)
- 4 Eßlöffel Öl
- 2 Zwiebeln (gehackt)
- 2 Knoblauchzehen (durch die Presse gedrückt)
- 3 Eßlöffel Tomatenmark
- 1 Teelöffel gemahlener Kreuzkümmel
- 1 Teelöffel gemahlener Koriander
- 1 1/2 Eßlöffel Weinessig
- 1 Teelöffel Zucker

1 Chilis mit 3 Eßlöffeln kochend heißem Wasser im Mixer oder in die Küchenmaschine pürieren. Tomaten abtropfen lassen, den Saft auffangen. Tomatenstücke mit der Chilimischung verrühren.

2 Öl in einer Pfanne erhitzen. Zwiebeln und Knoblauch darin weich braten. Tomatenmischung, zurückbehaltenen Tomatensaft, Tomatenmark, Kreuzkümmel, Koriander, Essig und Zucker unterrühren. Zugedeckt 10 Minuten köcheln lassen. Heiß oder kalt servieren.

ERGIBT ETWA 450 GRAMM

CHILI-ÖL

Träufeln Sie etwas von diesem Öl über Gerichte, um ihnen zusätzliche Schärfe zu geben. Oder verteilen Sie einfach etwas Öl auf knusprigem Brot.

Vorbereitungszeit: ca. 5 Minuten

- 100 ml Olivenöl
- 1 Eßlöffel gehacktes Koriandergrün
- 1 kleine rote Chilischote (entkernt und gehackt)
- Meersalz und Pfeffer

1 Olivenöl, Koriandergrün und Chili vermischen und mit Meersalz und Pfeffer abschmecken. Bis zum Verzehr 1–2 Tage durchziehen lassen. In einem luftdicht verschlossenen Gefäß hält sich das Öl monatelang.

ERGIBT 100 MILLILITER